超实用极简资本论

Chao Shi Yong Ji Jian Zi Ben Lun

[日] 木暮太一 著　孔霈 译

民主与建设出版社
Democracy & Construction Publishing House

图书在版编目（CIP）数据

超实用极简资本论 /（日）木暮太一著；孔霈译.

-- 北京：民主与建设出版社, 2015.12（2018.8重印）

ISBN 978-7-5139-0964-8

Ⅰ.①超… Ⅱ.①木… ②孔… Ⅲ.①《资本论》-

马克思著作研究 Ⅳ.①A811.23

中国版本图书馆CIP数据核字(2015)第315062号

著作权合同登记号：图字：01-2016-0663

出 版 人：许久文

责任编辑：李保华

策划编辑：黄善卓

出版发行：民主与建设出版社有限责任公司

电　　话：(010)59419778　　59417745

社　　址：北京市朝阳区阜通东大街融科望京中心B座601室

邮　　编：100102

印　　刷：廊坊市华北石油华星印务有限公司

版　　次：2016年5月第1版　2018年8月第2次印刷

开　　本：32

印　　张：6

书　　号：ISBN 978-7-5139-0964-8

定　　价：32.80元

注：如有印、装质量问题，请与出版社联系。

前　言

朝日新闻社发行的《AERA》杂志中，曾以年收入1000万日元以上的人群实态为素材，登载了特辑“年收入一千万日元的研究”。其中，有“这样的工作内容得到这样的工资不合算”“辛苦”等诸多感慨，也讲到有人因为工作繁重而累坏身体的。

虽窃窃私语着“年收入100万日元”的时代也是有的，而年收入1000万日元仍是超高级的收入。达到年收入1000万日元的人，只有3.8%。从社会一般眼光来看，这是被很多人作为“目标”的金额。然而，年收入1000万日元的人，好像并不幸福。为什么呢？

而且，能自己说出不幸福理由的人很少。即使知道“累”，也不知道如何能从中解脱。到底是为什么呢？这是因为没有意识到我们生存的这个社会的规则。因为没有意识到这个规则，不知不觉就“输了”。即使赚到了1000万日元，也还是“输了”。

“1000万日元的高收入者是输家，这种事情不应该发生！”不，这种事情是可能的。但并不是全部的1000万日元的高收入者都“输了”，而是不明白此规则的人“输了”。在开始运动或游戏时，没有不问规则就开始的人吧。假如不知规则就开始，就不能使用正确的手段而一败涂地地输给“懂规则的人”。这是理所当然的。

如果初次参与游戏、运动，首先会问“是什么样的规则？”球往哪儿踢能得分，怎样就输了？怎样容易得分，为此应该如何作战？怎样算失分，为此必须提前了解的“防守”知识是什么？应该了解了这些再开始，而如果没有了解这些，在对手面前则会不堪一击。

参加考试时，也要了解倾向和对策。研究历年题型，向对历年题型有研究的人咨询知识，学习容易使自己取胜的方法。这是理所当然的。但是，我们却往往没能将这样“理所当然”的事情应用于我们自己的劳动中。

几乎没有人在进入社会之前，学习在现实社会中工作时怎样才能“胜出”。不去学习怎样容易胜出，怎样会“输”，为了“不输”应该采取怎样的倾向和对策。甚至也许连对自己来说什么是“赢”什么是“输”，都不知道。或者说，根本没有想知道的意识。

如果不了解规则，就不能在那个环境中做出适当的行动。如果不了解社会的规则和构造，当然就无法得到期待的结果。

即使这样，现实社会仍与游戏和运动不同。不会有明确的规则说明书，也不会有“规则说明场所”。对此公司的领导也不一定知道。有时候直到退休还搞不清楚规则是什么的不是大有人在吗？

资本主义社会的规则可以从“经济学”中读取。我在大学学习经济学，总算感受到现实社会的规则。成为社会人后，在工作现场，也确认过有几个符合经济学理论的情况。而且，在这些经济学中，感觉能够最尖锐且明快地指示当今日本经济“规则”的是《资本论》。

当今日本，很多情况可以用《资本论》的理论来解释。了解《资本论》，是劳动者在劳动时非常强有力的武器。我在2001年大学毕业后，先后就职于富士胶卷、CyberAgent, Inc. 和Recruit Holdings Co.,Ltd. ，现在独立进行商业活动。富士胶卷姑且不论，CyberAgent, Inc. 和 Recruit Holdings Co.,Ltd. 都是非常“资本主义”的公司。

在这样的公司就职的我提出《资本论》的话题，令很多人惊讶。我想这是因为对《资本论》持有这是“共产主义的经济学”“革命的书”“已经作为时代错误不起作用”这样印象的人有很多的缘故。但是，他们的印象是“错误”的。《资本论》不是共产主义的经济学，是研究资本主义经济本质的书。《资本论》论述了我们生活的资本主义社会是由什么样的规则组成的。我们可以从中读到：劳动者为何陷入辛苦的生活，为何企业努力研发的商品很快就会变成日常用品而降价，为何作为时代宠儿被追捧的企业，突然会被竞争对手逆袭。而且，可以读到从这些案例中汲取的教训。

有人认为《资本论》是“作为时代错误已经不能使用的经济学”，我想这是很可惜的。我有在3家行业第一位的企业就职的经历，无论在哪一家公司工作，应用《资本论》的理论，都如鱼得水。而且我也是将《资本论》中讲到的资本主义的本质置于脑海，来进行独立商业活动的。实际上，《资本论》被我灵活运用于商业活动中。而且，此中讲述的资本主义的原则、规则，可以适用于大众的商业活动，应用于大众的工作方法中。

但是，读懂《资本论》相当困难。很难且很长。有的人要花1年以上的时间。而且，并不是《资本论》写的所有内容都是必需的。实际上，《资本论》的精髓可归纳为3点。如能理解以下3点，就能掌握《资本论》的要点及畅游现代社会所必需的要点。

要点1：理解“价值”和“使用价值”的意义和区别

要点2：理解“剩余价值”的意义，了解其产生的过程

要点 3：理解“剩余价值”终将减少

这三点缺一不可。

而与此同时，如不想成为学者，有此 3 点便足够了。如能理解这 3 点，便能对《资本论》运用自如。本书从第 1 章到第 4 章讲解这 3 点精髓。而在第 5 章到第 7 章，伴随《资本论》的灵活运用方法，讲解在资本主义的规则中我们如何实战，如何生存。读完本书时，应该会改变对社会的看法，看到自己该如何踏出第一步。

实际上，我们长期烦恼的疑问，在 150 年前已经被马克思解答。

木暮太一

2014 年春于镰仓的星巴克

《资本论》的 3 点精髓

1.“价值”和“使用价值”

决定商品价格的规则。劳动力也是“商品”。

那么，决定我们工资的绝对规则是什么?

2.“剩余价值”

企业产生利润的结构。由此过程可见劳动者必然经历的残酷现实是什么?

3.“剩余价值”减少

资本主义经济宿命般的困境。

使我们的生活渐渐变得窘迫的结构上的理由是什么?

目 录

第 1 章

为何瓶装果汁价值 150 日元？

（价值和使用价值 1）

劳动者为何辛苦?

日本经济陷入被叫作失去的 20 年的不景气的辛苦境地。2012 年 12 月，自民党安倍政权诞生，开始了所谓的“安倍经济学”。虽然好像有一些经济恢复的“证据”，但大部分国民对此并无切身感受。而另一方面，不得不做的工作却层出不穷。

日本是经济发达国家，被称为排在中国之后世界第 3 的经济大国，应该是很富裕的国家。但是，生活在这个“富裕国家”的我们，却无法切身感受到这种富裕。而且随着时代的进步，甚至感受到工作时间变得更长、更辛苦。这到底是为什么呢?《资本论》中早有解答。

即使经济变好，工资也不上涨

“劳动者为何辛苦？”最大的理由是“金钱”。也就是说，工资。

不停地工作啊工作啊工资却不见上涨。甚至在这 15 年里，工资是降低的。在 1997 年到 2013 年间，工薪阶层的平均年收入只在 2007 年和 2010 年稍有上涨，而直到 2014 年都是呈下降的趋势。

从2002年开始，到雷曼金融危机发生的2007年，日本被称为所谓“伊弉诺超越”的战后最长经济扩大期。即使在这样的经济扩大期，工资仍然在下降。感觉如果经济变好，工资应该上涨。但是，事实并非如此。

如果只是某个特定的企业在下降的话，似乎还能够说得通。但是，是社会整体下滑了。

为什么呢？为了得到答案，首先需要理解“商品价格的决定方式”。

商品的价格如何决定？

“想要将自己的商品卖得更贵。”“不想贱卖。”

我想大部分人都有这样的想法。作为卖家，都尽量想卖得更贵。但是，不管卖家多想这样做，实际购买的是消费者。虽然定价定多高都可以，但如果实际上没有人买那么就毫无意义。

为了让消费者购买，就必须进行合适的定价。那么，这个“合适的定价”到底是多少呢？

当然，这根据商品的不同是不同的。但是，读解《资本论》就能了解到定价的公式。

也就是说，我们可以看出“消费者感到合适的价格”是什么。

在利用市场营销和宣传语等进行销售之前，应该知道一些基本理论。

为何瓶装果汁价值 150 日元？

虽然有点唐突，但这是问题所在。大家平常购买各种各样的商品。比如，今天也许就买了瓶装果汁。这瓶果汁 150 日元。那么为什么是 150 日元呢？这是因为市场行情吗？那么这个市场行情是谁来决定的呢？为何定为 150 日元呢？

“是因为有 150 日元的满足感。”近代经济学中这样描述。市场营销理论可能也有同样论述。但是，真的是这样吗？

你在买果汁的时候，是实际感受到了 150 日元的满足感吗？大概不是这样的吧。

另外，无论清晨还是夜晚，无论夏天还是冬天，买瓶装果汁都是 150 日元。虽然不同时候的满足感应该是有所不同的，但价格都是一样的。这是前后矛盾的。

会有这样的说法，“消费者是与自己感受到的满足感相比较而去购买商品”，“将从这件商品中能够得到的满足感换算成金额，如果便宜的话就购买”。但是，实际上并不是这样。

商品的价格完全是以另一种逻辑来决定的。

资本主义，价格是这样决定的

《资本论》中，有几个重要理论。

① 商品具有“价值”和“使用价值”。

② 需求和供给平衡的情况下，商品的价格由“价值”决定。

这是作为开篇而介绍的《资本论》的第一个要点：“价值和使用价值的区别”。让我们按照顺序来解释一下。

1. 商品具有“价值”和“使用价值”

马克思认为交易的物品“全部是‘商品’”。

大家今天早上吃的面包、公司采购的电脑、为了消磨时间而饮用的星巴克咖啡，这些全都是“商品”。另一方面，也有不是“商品”的物品。路边掉落的小石子不是商品。山里露营场地附近流淌的清澈溪水也不是商品。我画的画也不是商品。

并不是因为石头小所以不是商品，也有将小石头作为功能石销售的，这不是大小的问题。并不是因为是水所以不是商品，便利店也有卖“好喝的水”的。另外，虽然我画的画卖不出去，而著名画家的画作却会成为商品。也就是说，即使是同种物品，有的是商品，有的不是。

这是如何区别的呢？这就是“价值”和“使用价值”。具有“价值”和“使用价值”的就是商品，不具有的就不是商品。那么，“价值”是什么？“使用价值”是什么？

首先，我们先来解释容易理解的“使用价值”。“使用价值”的意思是“使用而感受到的价值”，是指“使用它的好处”。也就是说，所谓“有使用价值”，是“使用它的话有好处，得到满足，有意义”的意思。

比如，面包的使用价值是“好吃”“填饱肚子”，等等，这种用小麦粉制作而成的东西的使用价值在于“人们吃了它，可以填饱肚子”。请注意，这个“使用价值”与下面要介绍的“价值”是完全不同的意思。

其次，是“价值”。这个词语需要注意。马克思所述的“价值”，并不是我们通常意义上常用的意思（我们常用的“价值”这个词语，是马克思所述的“使用价值”）。《资本论》中，“价值”这个词语是“劳力的大小”的意思。也就是说，“这件商品的价值大 = 为了制作这件商品所花费的劳力多”，是以“为了制作它花了多少工夫”来作为衡量尺度的。

“价值”的大小，是由人为了制作它有多么辛苦（对它付出了多少劳动）来决定的。也就是说所谓“价值大的商品”，是指“这件商品由 ×× 人花费 ×× 小时，花费了很多劳力来制作的”。

某个商品的“价值”大小，是由凝结于此商品中的“人类的劳动的量”决定的。因此比起1小时做出的面包，花费10小时做出的面包“价值大”。比起程序员花费3小时制作的智能手机应用程序，花费10小时制作而成的木雕装饰品“价值大”。

虽然可能觉得“根本不需要什么装饰品！”但这与此无关。用来表达这件物品是否有效的是“使用价值”这个词语。衡量标准是不同的。“价值”大小单纯与花费的劳力成正比。这是马克思所说的“价值”。

所谓“价值”，不是我们平常意义上的“价值”。与其说它具体是什么东西，不如说它是由花费多少劳动而决定的。花费的劳动越多，“价值”越大。

简单来说，花费时间来做的物品“价值”大。日常会话中使用的“价值”，常为马克思主义经济学所说的“使用价值”，这是容易混淆之处。再重复一次，这与我们平常使用的“价值”这个词语的意思不同。这个意义如果理解错误，就完全不能理解《资本论》的内容，所以请多加注意。

要点：

“价值”是为制作商品而花费的劳力的大小，“使用价值”是使用它的好处。

价值和使用价值的区别

使用价值

可以用使用的好处来衡量

“好吃”“填饱肚子”等，表示有什么样的作用

价值

可以用劳力的大小来衡量

为了制作需要花费多少工夫

* 请注意“价值”不是通常意义上的意思

只有“价值”，或只有“使用价值”，都不是商品

马克思认为，“商品有‘价值’和‘使用价值’”。反过来说，没有“价值”和“使用价值”，这件物品就不能成为“商品”。商品是卖给别人（除自己以外）的物品。换句话说，没有“价值”和“使用价值”的物品，不能卖给别人。

让我们用具体的事例来说明吧。

比如，没有“使用价值（使用的好处）”的不是商品。如果没有使用的好处，谁也不会购买。路边掉落的小石子，我画的画不能够成为商品，正是因为没有“使用价值”。

不买没用的东西，这是理所当然的。但是，这个理所当然的事情，是非常重要的。

马克思讲到，为了使生产出来的物品成为商品，必须经历“生死攸关的跳跃”。对商品来说，“使用价值”是必要的。但是，决定是否有“使用价值”的，是别人（顾客）。这件商品不做出来的话，顾客就无法使用。然而，一旦做出来了就不能更改。

虽然自认为“这应该是有使用价值”而生产的，但实际的“答案”要在商品做出来之后得到。然而，如果不能通过考试，物品就只是物品，而不能成为商品，最终谁也不会购买。如果不能通过考试，做出的物品就不能成为商品，因此会无疾而终。

这就是“生死攸关的跳跃”。

无使用价值的物品即无意义，这就是资本主义经济。

对商品来说，“价值”也是必要的

但是，只要有“使用价值”的都是商品吗（别人会买吗）？并不是这样的。我们商人受到的教育是彻底思考自己想要销售的物品、服务的“好处”。

“对顾客来说有什么好处呢？”

“站在顾客视点上。”

“如果顾客高兴，一定会选择的。”

这样的句子在办公室中频繁变换。这些应该都是在说要考虑“使用价值”。在很多情况下，这是在说“只要有使用价值，顾客就会买”。但是，只有“使用价值”，物品不能成为商品。必须要有“价值”。这件物品必须经过人手的加工。

“价值”要和“使用价值”加在一起，如果没有“价值”就不是商品。比如，刚才所说的露营场地附近流淌的清澈溪水不能销售的理由就在于此。山里清澈的溪水是对健康有利的水，矿物质含量似乎也很丰富，喝起来十分有好处。但想要马上卖给旁边的露营场地，显然一定是卖不出去的。

为什么呢？因为没有“价值”。

将涌出的“山里的清澈溪水”在附近销售，几乎没有花费劳力。这意味着对方（顾客）也可以不费吹灰之力得到，因此不会特意去购买。没有“价值”（没有花费劳力）的东西，无论有多少使用价值，都不能用来销售。

这一要点也非常重要。甚至也许更加重要。能够解释商品如何定价，甚至我们的工资为何是这个金额的，实际上就是这个“价值”。为了理解这个非常重要的要点，必须要解释清楚下面的法则。

花3天时间煮的咖喱和花30分钟做的咖喱，哪个贵？

马克思在《资本论》中关于商品定价进行了论述。这就是刚才介绍的第二个理论。

2. 需求和供给平衡的情况下，商品的价格由“价值”决定

商品具有“价值”和“使用价值”。这两个要素齐备，就初步成为可以出售的东西。但是，马克思认为**决定商品价格的是“价值”**。价值的大小是决定价格的基础。这个观点不令你感到意外吗？

商人重视的是“顾客的利益”。感觉为顾客提供有利的商品（也就是有“使用价值”的商品）即是全部。认为贱卖是因为对顾客来说优势不充分，也就是说因为 “使用价值”低。

但马克思不这样认为。他认为**商品的价格不是由使用价值，而是由价值决定的。**

也就是说，认为以“花费了多少劳力”来决定价格，“花费的劳力越多（价值越大），价格越高”。可能有人认为“这是不合理的。果然马克思是犯了时代错误。”

初读起来，也许会有这样的感觉。但试着从消费者的视角来看，就能明白我们自己也是用马克思的观点来思考的。这与作为商人在公司里所说的是完全不同的判断方式。

请站在消费者的立场试着思考一下。比如：

- 花 30 分钟做的咖喱
- 花 3 天煮的咖喱

你认为分别定价多少是合适的呢？大概大部分人会将“花 3 天煮的咖喱”的价格设定得更高吧，感觉“3 天”理所当然应该更贵，而根本没有提到味道。对“3 天”的咖喱持有好像很好吃的印象，但这完全是“印象”而已。而且，如果做一个蒙上眼睛的测试，大概对于大部分消费者来说，“30 分钟”和“3 天”是一样的，并不能区分味道的差别。

但是，即使这样，“花 3 天煮的咖喱”仍然定价高。（每年新年时候电视播放的“艺人评价”节目中，也有很多明星不能区分高级品和便宜货的味道，认为“没什么区别”。）这也就是不以使用价值（咖喱的好吃程度），而以制作咖喱所花费的劳力（价值）来进行判断。

感觉比起“面包”来，“手工面包”似乎更贵。看见带有非常精细刺绣的布料时，会认为“很厉害”！然而听到这是手工制作的时候，会感到“太厉害了”！眼前的物品并没有变化，但机器制作还是手工制作，会让人的感觉程度大为改变。

另外，去学习什么的时候，是根据次数或时间来判断贵贱的。就像“虽然要 10 万日元，但有半年时间所以很便宜呀”，“2 次就要 10 万日元太贵了！”本来必须在意的是，通过这些能否掌握想学的技术（这个讲座的使用价值）。进一步说，1 次就能掌握所有技术的讲座是有效率上的优势的。但是，我们往往却并不是这样考虑的，而是通过次数和时间（对方为自己花费的时间、劳力）来判断的。

这样能明白了吗？我们作为消费者是以“价值”来判断商品的。而且，是**以“价值”为基础来考虑适当的价格**的。也就是说，社会中的商品不是以“使用价值”，而是以“价值”来

价格由价值决定

花30分钟做的咖喱(劳力小) → 价格低

花 3 天煮的咖喱(劳力大) → 价格高

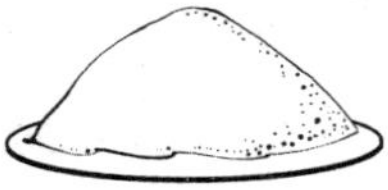

价格不是由味道好(使用价值)决定的,而是由劳力(价值)决定的

决定价格的。

要点：

商品的价格，是由花费了多少劳力来制定的，即所谓“价值”决定的。

衡量价值的是“社会平均”

“如果花费工夫，那么价值就大”。

“如果制作那件商品花费的劳力多，那么价值就大”。

但是，如此解释，会感到有个矛盾的地方。这就会变成低效率而花费长时间制作的商品，要比好手法制作的商品“价值大”。这样的话，如果故意慢慢地浪费时间制作商品，就能做出“价值高的商品”。

当然这种事情是不存在的。这好像是矛盾的。这要怎么解释呢？

马克思认为**商品的价值大小由“社会一般花费的平均时间 × 平均劳力”决定**。

为了制作商品花费的工夫和必要的劳动量因人而异。但是，商品的价值并不是由这样的个别情况决定，商品的价值是由“社会平均情况下，必要的工夫的量和时间的量”决定的。

· 为了制作这件商品，通常花费这么多的劳力

· 这件商品的原材料，一般需要这么多的量

我们也有这样的感觉：“这件工作的话，好像要花这么多工夫”。与此相同，社会一般认识中也有一个“必要量”。对于工作或物品，设想了社会一般的必要劳动量。此必要劳动量被看作“商品的价值”。因此，即使故意降低效率，增加劳力，“商品的价值”也不会提高。

而且，社会平均 2 小时结束的工作，如果自己花 10 小时做好，也不能“生出 5 倍的价值”，完全是按照社会平均来衡量的。

“物品的价值，是社会平均的劳力的大小决定的”。

读到这里也许会有人想问“那又如何呢？”但这正是大家在理解工资决定方式的基础上，为了能有宽裕的生活，非常重要的一点。

决定价格的是“价值”，“使用价值”通过供需关系使得价格浮动

“商品的价格不应该由‘价值’决定！‘使用价值’（对方感到的好处）更重要！”对于在公司一直被要求“考虑顾客

利益”的我们来说，突然说起《资本论》的“价值决定价格”的逻辑则令人难以置信。

正如所说的，“使用价值”很重要。而且，如果说使用价值对价格丝毫没有影响，也并非如此。从经济学来说，“使用价值”通过需求和供给的法则，对商品的价格施加影响。

使用价值高的物品，会有更多的顾客想要，因此需求大。因为觉得“再贵点也想要”，结果导致价格比行情还高。相反，使用价值低的物品，会被说“不再便宜点就不买”，而变得便宜了。

但是，无论使用价值如何高，首先无论如何也不会出现纸杯超过 10 万日元的情况。相反，无论使用价值如何低，喷气机也不会比 100 万日元便宜。这是因为，价值首先创造了价格的基准，创造了“这种类型的物品，大体是这样的价格”的行情。个别的商品的价格，以此行情为基准来决定。

创造行情的完全是“价值”，而根据此基准使价格上下浮动的是“使用价值”。

这里怎么强调都不为过。当然，如果没有“使用价值”，就不能成为商品，不会有人购买。因此，追求使用价值（商品的好处）是理所当然且必不可少的。

但是，这只是商品的一个侧面。有了使用价值（有了对顾客来说的好处），公司能否就可以毫无问题地取得利润呢？并非如

使用价值通过供需关系使价格上下浮动

供不应求，
价格上涨

价值

价格

供过于求，价格下跌

此。有了使用价值，顾客就会购买。但是，并不一定是“高价”。

正如说过的，商品的价格是以“价值”为基准决定的，这是经济的原则。因此，被认为为了制作它没有花费劳力（不花费大的劳力）的商品，不会被定高价。

要点：

创造价格的行情的是“价值”。与行情相比使价格上下浮动的是“使用价值”。

第2章

即使收入高生活仍然拮据的真正理由

（价值和使用价值2）

你的工资是这样决定的

马克思认为交易品全都是“商品”。这样思考一下的话，**你的劳动力也是“商品”**。你为公司付出时间、体力和精力进行工作，而作为回报领取工资。这是个不错的交易。也就是说，劳动力也是“商品”。

这就是说，“劳动力的价格”也是和商品一样来决定的。也就是说，可以认为我们的工资是与商品价格的决定方式完全相同。

商品的价格是以商品的“价值”为基准决定的。价值是由为了制作这件商品，花费了多少劳力，需要多少原材料，花费多少成本来决定的，并以此为基准决定价格。我们劳动的价格也是一样。工资也是由相同的原理决定的。可以认为，决定大家工资的，是**“为创造大家的劳动力所需的必要要素的总和”**。

商品的价值，是为了生产商品所需的必要要素的总和。也就是说，这件商品的“生产成本”。同样的，劳动力的价值也应该是由劳动力的“生产成本”决定的。

工资是由为了使你能继续工作而所需的“必要成本”决定的

那么，“为了创造劳动力而所需的必要的生产成本”是什么呢?

人为了工作，**需要这件工作所需的体力和智力**（知识和经验）。劳动者没有体力和智力是无法工作的。比如，能量为零的人是无法让他跑完马拉松的。为了使劳动者进行工作，必须让他吃饭、睡觉（休息），补充能量。此时花费的成本（伙食费、为了睡眠的居住费用等),是创造劳动力所需的必要“生产成本”。

同样,带无行业经验的人到公司,想要与大家一样进行工作,这是强人所难的。因为他没有工作必需的知识和经验，必须使他掌握这些知识和经验。此时花费的成本和劳力(学费、研修费、学习时间等）也是为创造劳动力所需的必要“生产成本”。

那么，这些累积了“劳动力的生产成本”的东西，就成为劳动力的价值,以此劳动力的价值作为基准,决定大家的工资。体力上辛苦的工作，比其他工作需要更多的能量。为此，需要很多补充能量的成本。因此这样的工作只在这方面工资更高。

这是非常重要的要点,因此重新整理一下,就是下面这样的。

为了制作泡面，需要进行以下活动。

“采购面和配料”

“采购汤料”

“采购容器和盖子”

“设计容器”

……

与此相同，大家为了创造“劳动力”（为了能够工作），必须吃饭。花费伙食费。

必须恢复体力。需要居住和生活设施等。花费住宅费。

必须穿衣服。花费服装费。

为了缓解压力需要心情愉快。花费娱乐费。

需要工作所需的智力。此时要花费知识学习费。

这些合计成为劳动力的价值，决定大家的工资。

得到的是“社会平均的”必要经费

虽然说工资是必要经费，然而也并不是“只要自己需要，无论多少都能得到”。我们解释过，商品的价值是由**“从社会平均来看的必要的工夫的量”**决定的。

“从社会一般情况来考虑，为了制作这件商品，需要这么多的原材料和工夫”，这个量是商品的价值。劳动力的价值也是一样。

作为劳动力的价值被认可的，只有“从社会一般情况来考虑，平均的必要费用”。个人即使说“更需要伙食费和饮料费”“我没有名牌包就活不下去”，也没有用。

工资明细证明了它

在理解这个《资本论》理论的基础上，请看一下自己工资细明的项目。

应该能够理解“补贴”表示什么意思吧。交通补贴是“你为了明天的工作，必须乘电车来公司。这个费用由公司承担”的意思。住宅补贴是“你为了明天的工作，需要居住的场所。因此要准备住宅”，所以公司向大家支付费用。家庭补贴是“你为了明天的工作，必须好好地扶养家人。因此，家人增加的话，这部分也要增加支付”的意思。子女教育补贴，总的来说是孩子的教育费用。“孩子要花学费。这部分也需要支付”。资格补贴是“为了取得这个资格（智力）花费了金钱和劳力。因此你的劳动力的生产成本提高了。这部分也需要支付”。职务补贴、加班补贴也是一样。工作会“增加所需要的精神能量。那么，这部分也需要支付”。“加班会更加消耗体力。那么，这部分也需要支付”。这些都是由公司支付的。

生产成本是劳动力的“价值”

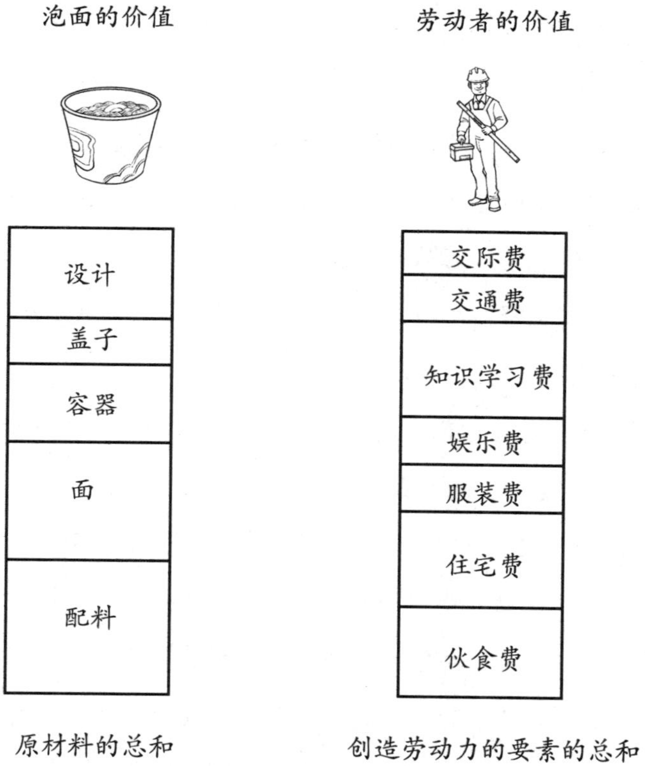

泡面的价值（泡面的价格）= 原材料

劳动力的价值（劳动者的工资）= 取得知识、经验所花费的成本
体力的恢复、维持所花费的成本

这些正是当今的日本企业按照《资本论》的理论决定工资的证明。

为何医生的工资高?

我们解释过，劳动力的价值包含为了掌握从事这项工作所需的必要技术而花费的劳力。也就是说，为了掌握技术而花费的劳力大的工作，劳动力的价值就高，因而工资就高。比如，据说医生的工资每小时大约是 1 万日元。而一般企业的工资每小时是 1000~3000 日元。

为何医生的时薪高呢？“因为医生的工作比一般的工作难”“因为是为了让人活下来的重要工作”。然而是不能这样认为的。我想，医生的工作实际上很辛苦，也很难。内科、皮肤科、小儿科、眼科，无论哪个都是为了人能够健康活下去的重要工作。但是，并不是“因为程度高，因为是重要的工作，所以工资高”。

如果要向“难的工作”支付更多金钱的话，马戏团的演员应该得到更高的工资。如果要向“为了人能够活下去的重要工作”支付更多金钱的话，护士的工资也应该同等程度的高。

但是，在厚生劳动省的统计（2012 年）中，医生的月平均工资约为 88 万日元，而与此相对，护士只有约 21 万日元。护士也一样是“为了人能够活下去的必要的工作”。但工资有很大差别。医生的工资高，是因为为了将医生的工作运用自如，必须掌握大量的知识，并为此做长时间的准备。成为医生前的准备很辛苦，大家也都理解。因此工资就高。

护士是很繁重的劳动，也是社会意义很高的工作。但是，为了成为护士而做的准备比医生少。这个差别也成为工资的差别。

与此相反，谁都可以轻易开始的工作，因为没有“应该掌握的技术”，而使这部分工资低。无论多努力，无论做出多大的成果，如果“明天又可以轻易地做出相同的工作”，必要经费当然就少。

这样考虑下来，就可以说单纯作业者时薪少是“必然”的了。这与“体力辛苦”“每天长时间劳动”等没有关系。因为创造此“劳动力”的原材料费少，所以工资低。

要点：

决定工资的是劳动力的生产成本（=知识、经验的取得和体力的恢复、维持所花费的成本的总和）。

“即使努力也得不到好评……”这样的感慨没道理

劳动力是“商品”。因此，与一般商品相同，具有“价值”

和“使用价值”。目前为止解释的内容是劳动力的“价值”。那么，“劳动力的使用价值”到底是什么呢？

劳动力的使用价值是“使用劳动力时的好处”。总而言之，“公司使用我们这些劳动者时（雇佣时）的好处”就是劳动力的使用价值。而对公司来说的好处，当然就是我们赚取的利润。也就是说：

· 使用价值高的劳动者，是能力高，能为公司带来大利润的人

· 使用价值低的劳动者，是能力低，没有成果的人

反过来考虑，为公司带来利润的人（有成果的人）是“使用价值高的人”。

请思考一下。使用价值对商品的价格没有直接的影响。使用价值高的东西，根据需求和供给的法则，多少会提升一下价格。但是，即使有 2 倍的使用价值，价格也不会变为 2 倍，或许提高“1.2 倍”左右。

对于劳动力来说也是同样的。如果置换成工资的话，“即使能做出 2 倍的成果，工资也只能上涨 1.2 倍左右”。感叹成果提高而工资不提高的人很多。“我们公司不重视员工”“努力工作也得不到好评”。但是，思考一下日本的资本主义经济

的规则，就能明白这种感叹是“没道理”的。认为如果提高成果，工资就上涨，这从一开始就是个误解。

“不该这样。不提高成果也可以，这是不应该的！”我想也会有这样的反驳。但是，我们并不是说“不提高成果也可以”。不如说是“劳动力”为了成为“商品”，具有使用价值是其绝对条件。没有成果的劳动者，因为没有使用价值，所以没有企业会雇用。做出成果是不可或缺的。

如果使用价值提高，那么“想要这件商品”的人就增加。一般商品的话，如果有使用价值，消费者就会选择。而且会持续购买。那么，如果是劳动力的话，“如果有劳动的使用价值（此人优秀，能为企业带来利润），企业就会选择，并持续雇用”。

你发现了吗？劳动者优秀，能给企业带来利润，就会“持续被雇用”，而不是涨工资。即使能做出 2 倍的成果，工资也不会变成 2 倍（刚才说过的，可能有 1.2 倍左右）。这就是资本主义经济的工资的规则。

厚生劳动省的统计证明了它

这不是纸上谈兵。现实就是如此。这在厚生劳动省发表的统计（平成 25 年版薪资情况等综合调查）中有所揭示。这是决定基本工资金额的要素。基本工资为100时，各个要素如何考量如下所示。

①年龄 / 工龄工资 14.4%

②职务 / 能力工资 31.3%

③业绩 / 成果工资 4.9%

④综合判断 49.4%

业绩 / 成果工资只有4.9%。这是实际状态。

比如，请想象一下自己的月收入。假设我们的月收入是40万日元。从这个厚生劳动省的数据来看，同年生中，最优秀的人月收入42万日元（正5%），最没有成果的人月收入38万日元（负5%）。

这是相当能够有切肤之感，有说服力的吧。

工资表明的“能力”不是指技术，而是作为社会人的基础

“业绩 / 成果工资占4.9%，而上面的‘职务 / 能力工资占31.3%’。也许会感觉这难道不是说明仍然是更看重劳动者的能力（使用价值）的吗”。但这仅仅是对词语意义的误解。

所谓“职务 / 能力工资”，不是劳动者做出的成果，而是指作为社会人的基础经验和作为社会人熟练基本业务的能力。

比如，从工作所需的必要礼仪、措辞，到日程调整能力、计划准备能力、说服及提案能力及其他作为社会人必要的知识和基本经验，这些被定义为“能力”，并为此相应地支付金钱。

而且，这些作为社会人的基础经验，和作为社会人熟练基本业务的能力，其掌握程度被认为是“与社会人的履历成正比的”。这些能力通过工作、经验而得到积累。通常，经验是越积累越多的。而且，即使具体的工作内容变化也不会减少。

比如，你是进入社会第 10 年的人，完全转行到一个没有经验的行业。与 4 月 1 日学校刚毕业的新员工同时进入公司。在对这个行业一无所知这一点上，应届毕业生和工作第 10 年的你都是一样的。但是，你会在工作上有压倒性的优势。为什么呢？因为你明白工作的方法。

因为积累了 10 年的经验而有作为社会人的基础能力，这与新员工是不同的。这是反映在“职能工资”上的“能力”。这正是刚才说过的“劳动的价值”。为了掌握和大家一样水平的“实力”，需要作为社会人 10 年的经验。这是决定工资金额的大要素。

要点：

劳动力的“使用价值”是“持续雇佣”的绝对条件，不是工资提高的要因。

为了提高工资该如何做?

工资不是由劳动者做出的成果决定的,是由劳动力的价值,也就是**“为了这个劳动者明天也工作所需的必要成本”**决定的。这个“必要成本”,不只是伙食、居住等为了恢复、维持体力所需的必要金钱,还包含为了备齐从事此项工作所需的必要的知识、经验、技术而花费的成本。

医生和律师等需要专门知识和长年经验的工作,为了掌握必要的智力而花费成本庞大的劳力,因此医生和律师的工资高。

而且,马克思的理论从现今厚生劳动省的统计数据中也得到了确认。也就是说,为了提高工资,要点是要提高**“劳动力的生产成本”**。

假设 A 为了从事这项工作,需要水平 A 的知识和技术。而社会一般情况下,掌握水平 A 的知识和技术需要花费 100 小时。另一方面,B 为了从事这项工作,需要水平 B 的知识和技术。掌握水平 B 的知识和技术需要花费 200 小时。此时,从理论上来说 B 的时薪应该更高。

这与商品的原材料中包含为了制作此商品所需的学习技术费是一样的,劳动力这件商品也会考虑为了掌握“从事此工作的必要技术”而花费的学习量(劳动量)和费用。伙食费、房租、服装费、缓解压力所需的酒水费，以及学习技术费，这些都会作为“劳动力的价值”被考虑。

为了成为餐厅的主厨，必须学习并取得厨师执照。通过这样的学习，才可以作为主厨进行工作。也就是说，这个学习时间是“作为主厨工作”的劳动力的“原材料”。因此，主厨的劳动力的价值，不只是每天主厨的劳动，还包括学习时间这个过去花费的劳力。

同样，为了成为大学老师，必须进行掌握专门领域知识的学习，必须写论文。这个学习时间和写论文花费的劳力也算在“大学老师的劳动力的价值”中。

另外，还有没有执照就不能做的职业。如果为了取得这个执照而花费了 100 万日元，那这个花费的金钱，也被算在从事这项工作的劳动力的价值中。

但是，即使花费 100 万日元而取得了资格或执照，也不能将 100 万日元全部作为“劳动力的价值”突然加在初次的工作中。而是考虑此资格或执照的有效期限，在这个期限内将“100 万日元”平均分割而加在劳动力的价值上。无论如何，为了能做成这项工作所需的必要准备时间、为了准备而花费的劳力也作为“劳动力的价值”算在内。

工资只是“必要经费部分”

我们劳动者的工资是由“劳动力的价值”决定的。

也就是说，为了劳动力的再生产（为了明天也工作），以工资形式领取必要的金钱。这样一来，到了月末银行存款余额没有了，也完全不是什么不可思议的事情。这一个月为了生活和工作所需的必要金钱以工资形式获得，所以到了月末没钱了，甚至也可以说是“理所当然的事”。

反过来思考，就能明白劳动者只得到了**“为了明天工作所需的必要的部分”**。比如“一个月不去喝几次酒就不能放松心情，就干不下去了”，那么这个酒水费也作为“必要经费”加在工资里被支付。

而这也是“为了维持精神卫生所需的必要经费”。因为是必要的所以能得到，而绝不是因为劳动者“努力”“做出了成果”而得到的。我们的工资是由这样的必要经费方式决定的。因此，**“工薪阶层无论到何时都很辛苦”**。

得到的工资因人而异。比起新员工，工作 30 年的老员工工资更高。但是，这并不是因为工作 30 年的老员工做出了好成绩，而是因为工作 30 年的老员工要扶养家人，必须有与年龄相符的装束等，因而生活费更高。

当然，比起新员工来，工作 30 年的员工工作的成果大概也高吧。但是，并不是资历老的人就一定能出成果，工资也不是根据“劳动力的使用价值”（劳动者为公司带来的利润）来支付，完全是根据“劳动力的价值”。

就是说，即使工资提高，也是因为“为了生存所需的必要经费增加了”。生活则一直捉襟见肘。马克思讲到，“决定薪金时，只有这个是不会例外的最低限的基准。即维持劳动期间的劳动者的生活，可以使劳动者扶养家人，使劳动者这一种族不会灭绝”（《1844 年经济学哲学手稿 · 第一手稿 · 薪金》）。“亚当·斯密则说，仅仅作为人而生存下去，也就是说，像牲口一样的维持生存的最低限”。（《1844 年经济学哲学手稿 · 第一手稿 · 薪金》）

不看年龄，不看社会人的经验，大家只能得到**“生存所需的必要的最低限的工资”**。

“最低限的工资”的意思稍有夸张。并不是指差一步就饿死，而是符合现代生活标准中被认为“普通”生活的金额。一天都在工作，而家人却穿着破衣烂衫，总是饿着肚子，这样是无法做到“明天也精神饱满地去工作”吧。但是，无论怎样努力工作，无论积累多少经验，都不能得到“能够变得富裕的金额”。无论做出多少成果，也是这样。

劳动者的工资提高，是因为花费了相应的必要成本。劳动者的工资提高，并不是因为成果增加，而可以说是“因为生活费增加了”，或者说是“压力增加了”。

这样说是因为劳动者的工资也包含恢复“因工作而失去的精神能量”的费用。也就是说，压力恢复费也算在内。因此，从事压力大的工作，则工资会相应提高。责任重大的职务，相应的工资也高。

反过来就是，“因为压力大，所以相应的工资高”。也就是说，**为了提高在企业工作的劳动者的收入，必须支付相应的成本**。用商品举例的话，就是售价提高了1万日元，这很令人高兴，但实际上进价也提高了1万日元，自己得到的部分并没有变化。所以无论怎么赚钱，也无法变得富裕。

有很多人妄想着如果年收入增加，就有多么富裕的生活在等着自己。但现实是，必要经费与收入同时增加。另外，论资排辈型的工资中头衔提升也是一样的道理。到了一定年龄，为了扶养家人会花费金钱，所以把这部分也加在工资里了，就有了“高工资”。但理所当然的，因为只得到了为了生活和扶养家人的必要金额，所以到了月末“不知不觉钱就没了”。

只要工资决定方法的规则不变，这就不变。

虽然残酷，但这就是现实。

为了摆脱辛苦的状况，大家在做的事情

“工资不提高。”

“无论到何时生活都不会变轻松。”

“工作太忙了。”

很多人一边这样想一边工作着。而且无论如何都想摆脱这种状况。但“对策”是错的。说起为了摆脱这种辛苦的状况大家都做了什么，有人为了做出更好的成果，长时间工作。还有人为了提升技术，想要取得执照。但这些都不是解决之道。

首先，即使做出更好的成果，工资也并不能提高。工资不是由劳动力的“使用价值”，而是“价值”决定的。因此，即使提高使用价值（对公司来说的好处），效果也很微弱。根据之前讲过的，成果工资占基本工资的 5% 左右。也就只能影响这么多了。

再重复一遍，劳动力的使用价值是必要的。因为商品必须有“价值”和“使用价值”，并不是不做出成果也可以。那么，取得执照这个做法怎么样呢？

这更是“南辕北辙的努力”。因为它极有可能漏掉劳动力的“价值”这一视点，而且对于“使用价值”这一视点则完全漏掉了。想要取得执照，是因为认为只要取得执照，工资就会

提高（至少能够对提薪有帮助）。但工资的金额只考虑能使这项工作继续下去所必要的东西。取得与工作完全没有关系的执照是没有意义的。

另外，本来是应该为了工作而掌握必要的知识和技术，并以此为出发点去学习的。而感到“只要取得执照”的那个时刻，这个顺序就颠倒了。取得执照成了目的，而在工作中能不能使用，也就是说能不能提高自己“作为劳动者的使用价值”，就不知道了。

也有人认为取得执照对转行有利。这种类型也是一样的。我想对转行有利的执照是有的。而且也有没有执照就不能从事的工作。但是，除此以外并不是“持有执照就马上可以工作”。执照和取得执照时掌握的知识、技术，完全只是辅助。取得执照也只是取得，并不是一定能做什么。

日本是经济发达国家，应该是很富裕的国家。但是，生活在这个“富裕国家”的我们，却无法切身感受到这种富裕。而且随着时代的进步，甚至感觉工作时间变得更长、更辛苦。劳动者无论到何时都不能变得富裕，是因为只能得到“必要经费”。另外，对于怎样能够提高工资这一要点有很多误解，并进行了错误的努力。因此，“无论到何时都很辛苦”。

最具讽刺意味的是，对于“劳动者为何辛苦”这一问题的回答，马克思在 150 年前就已经做了解释。

要点：

工资只能得到与劳动力的生产成本相应的必要经费。无论如何赚钱，捉襟见肘的辛苦不会改变。

第3章

我们在不知不觉中做了工资以外的工作

（剩余价值）

日本应该是个“富裕的国家”，但生活在这里的我们却无法切身体会这种“富裕”，每天非常苦恼。而有人认为这是因为“企业”的缘故。劳动者每天都很辛苦，是因为企业太黑了。企业独自赚钱，独自占有利益。果真是这样吗？

当然，有一部分“黑心企业”就像大家所奚落的那样，但只是一部分。而每天觉得“辛苦”的劳动者却不只是一部分，感觉整体都是这样的气氛。也就是说，除了在一部分黑心企业工作的人以外，其他感到“辛苦”的人也很多。

劳动者辛苦度日，这好像并不是个别企业造成的。

根据马克思的理论思考就可以明白，**劳动者的辛苦不是因为这个企业的经营者不好，而是因为资本主义本身，整体导致了这样的命运**。也就是说，如果劳动者不陷入辛苦的状况，企业就无法生存。因此，企业为了生存下去就会使劳动状况恶化。

这究竟是为什么呢？

本章将会解释资本主义经济中生存的企业担负着怎样的宿命，在这其中工作的劳动者是以怎样的结构组合的。为了了解这种结构，需要解释《资本论》精髓的第二点：“剩余价值”。

公司的利润是怎样产生的?

“公司的利润是什么？”

“公司是如何产生利润的？”

如果被这样询问，大家大概会这样回答：“采购物品，进行销售。他们的差额就是利润”。那么，为什么采购物品进行销售会产生利润呢？理解了这个利润产生的构造，就理解了资本主义的结构。而与此同时，就能够理解在利润产生的过程中，作为劳动者的我们是如何“贡献”的，我们的行动有多少成为“企业（资本家）”的东西。

资本主义经济中，追求利润是企业的宿命。不取得利润企业就不能存续。同时，必须打败不断出现的竞争对手，取得消费者的认可。因而每天以“更加提高效率”“做更好的东西”为目标。但是，**正是追求利润这个行为本身陷企业于困苦的境地。**这虽是个相反的论点，但追求利润行为本身确实使企业很辛苦。

企业越追求利润，长期来看利润率就会降低。企业越追求利润，自己的商品变成“日常用品”的速度就会越快。企业越追求利润，就越将自己陷于容易破产的环境。

这有些突兀，也许令人无法置信。但是，环顾现代的日本经济或世界经济，可以发现同样的现象正在发生。而实际上当今世界经济和日本经济所陷入的局面，在 150 年前，已经被《资本论》论述过。

为了对其进行讲解，我们先从资本主义经济利润的产生方式说起。

利润产生于“剩余价值”

商业产生利润。但是，商业产生的利润，并不是因为“将有 100 价值的东西，以 95 采购进来，以 105 销售出去”。正常的交易，是对价值 100 的东西，以 100 进行交换。而并不是对交易对手进行“压价”，或者以欺骗攫取利润（当然，也有一部分例外，存在由于欺诈或力量对比而造成的不正当交易）。一般认为，商品是按照它的价值进行交易的。也就是说，单纯的交易（交换）不产生利润。

但是，如果商品和劳动力是“按照价值”来交易的，则无论如何交易，也只是交换相同价值的东西，不产生利润。但是现实中是产生利润的。那么，利润是如何产生的呢?

马克思讲到，商业产生的利润，是因为生产商品的工序中产生了“剩余价值”。这个“剩余价值”，是与“附加价值”相似的概念。制作商品时，将价值附加于商品，增加了商品的价值。将此商品卖出，就产生了利润。也就是说，采购有95价值的东西，生产或加工商品。这里生出10的剩余价值，加上原材料卖为105。这就是商业。

产生“剩余价值”的过程

“生产商品的过程中，产生附加价值，这就变为了利润。”这样一说，感觉就明白了，所有的问题也就都解决了。但是，重要的问题从这里才开始。

了解这个剩余价值的意思和剩余价值产生的过程，就能明白“企业的利润怎样产生”“企业为了取得利润，需要什么要素”。在这个基础上看现代社会，就能明白今后日本经济或世界经济会走向何方。

这里，根据《资本论》中的例子，以从棉花生产棉线的过程来分析企业的利润是如何产生的。

由10公斤的棉花生产10公斤的棉线。此时花费的费用如下。

①棉花10公斤12000日元

②使用的机器设备的折旧部分4000日元

③劳动者的日薪4000日元

合计花费2万日元的费用。

我想②中“折旧部分 4000 日元”较难理解，所以解释一下。所谓“折旧”，就是“机器被使用的部分”的意思。机器与面包、果汁等不同，并不是只消费一次。而且就算使用多次，外观也几乎没有变化。但也不是能用一辈子。即使外观几乎没有变化，实际上是一点点老化的。因此，最终会变得不能用。这在会计或经济学中，被认为是“消费了价值”。

比如下面这样的。有个 100 万日元的机器。此机器使用 1 万次会坏掉。这样的话，每使用 1 次就使用（消费）了“100 日元的价值”。虽然外观没有变化，使用 10 次就看作使用了 1000 日元的部分，而这部分被认为是“机器价值减少了”的部分。这与消费“10 公斤 3000 日元的大米”是一样的。买了 10 公斤 3000 日元的大米，此时花掉了 3000 日元。

但不是一天就把 10 公斤全部吃掉。如果今天只吃 1 公斤，就消费了 300 日元。从米袋外观来看并没有太大变化，但 300 日元的部分被消费了。这就和“折旧”一个道理。在财会中，将“机器被使用的部分”作为费用看待。这与计算今天伙食费的时候，不是算上今天买的大米（10 公斤 3000 日元），而是只算今天吃掉的大米（1 公斤 300 日元）相同。这就是“折旧（处理减少的部分）”。

那么，生产的棉线的价值是多少呢？

为了从10公斤棉花中生产出10公斤棉线，工作了4小时。而劳动者通过“加工”，产出了每小时1000日元的附加价值。这样，此棉线的价值、“材料（费用）”和劳动者附加上的价值加起来为：

12000日元（10公斤棉花的部分）+4000日元（机器设备的折旧部分）+4000日元（劳动者附加上的价值=1000日元×4小时）=2万日元

这里，原材料棉花12000日元的价值原封不动地转移到商品中（移动）。因为原材料只是形状改变，所以在生产流程中价值没有变化。比如，使用更好品质的贵3000日元的棉花，那么产出的棉线的价值也增加3000日元，变为23000日元。

机器的折旧部分也是一样。折旧是“机器被消费了的部分”。但是这个被消费的机器，并不是消失不见，而是变换了形式成为商品的一部分。实际上，机器的铁屑并没有混入商品包装中。但作为思维方式，认为这部分价值嵌入了商品中。

生产线使用的机器的折旧部分也转移到了商品中。与原材料改变形状成为商品的一部分相同，机器的价值也变换形式成为商品的一部分。机器的价值减少，成为商品价值的一部分。

这里将棉线的价值和费用做一比较。

机器的价值也嵌入商品中

生产 10 公斤棉线

棉线的价值

劳动力	4000 日元	劳动者
机器	4000 日元	机器
材料	12000 日元	棉花

20000 日元

· 花掉的费用 2 万日元

· 生产出棉线的价值 2 万日元

在需求和供给的平衡状态下，价格 = 价值，所以此企业的 10 公斤棉线只能卖 2 万日元。因为费用也花了 2 万日元，所以企业的利润是“零”。但是，这样的话对企业来说毫无意义。但这并非因为“棉线这个商品不好”“当今时代，即使生产棉线也没有利润”。

所有的商品都是在相同的结构下生产的。也就是说，并不是哪个商品不好，全部都是一样的。在这样的情况下生产，哪个商品也没有利润。但现实中，企业都是生产商品获取利润。这是为什么呢？答案在“生产量”和“劳动者的使用方法”上。

这里我们将企业的生产量翻倍，以生产 20 公斤棉线来说明。

生产 20 公斤棉线的情况下，棉花（原材料）的量、机器的折旧部分各变为 2 倍。但另一方面，劳动者的日薪是 4000 日元，是一定的。“劳动者的工资”由劳动力的价值决定。即使一天的工作量从 4 小时变为 8 小时，“为了明天工作所需的必要经费（伙食费、房租、服装费等）”几乎不变。

因此劳动力的价值不变，劳动者的工资也不变。使劳动者进行翻倍的劳动，而企业仍然只要支付等额的工资就可以。

因此，

① 20 公斤棉花 24000 日元（2 倍）

②使用的机器设备的折旧部分 8000 日元（2 倍）

③劳动者的工资 4000 日元（不变）

此时的费用为 36000 日元。

那么另一方面，20 公斤棉花的价值是多少呢？此时，劳动者工作 8 小时。每小时产生 1000 日元的附加价值，劳动者产出 8000 日元的价值。那么 20 公斤棉花的价值为：

24000 日元（棉花 20 公斤）+8000 日元（折旧部分）+8000 日元（劳动者附加上的价值 =1000 日元 ×8 小时）=4 万日元

卖出这 20 公斤的棉线可以得到 4000 日元（40000 日元 - 36000 日元）的利润。这里的要点是，企业一边对各个项目都支付了“正当的费用”，一边得到了利润。也就是说，并不是进行压价或者欺骗。

劳动者对前面的 10 公斤和后面的 10 公斤，各附加了 4000 日元，合计 8000 日元的价值。也就是说应该是附加了 8000 日元的附加价值。但是，日薪 4000 日元是一定的，只能得到 4000 日元。剩下的 4000 日元就变成了企业的利润。

再重复一遍就是，企业并没有欺骗劳动者。又不是当初说“支付 8000 日元”而只支付了 4000 日元。与劳动者签订的合同是“工作 1 天得到 4000 日元”。不管这个金额是多是少，总之是按照合同规定来支付的。这是要点。

这并非是无视法律或合同的企业，由欺骗劳动者来取得利润的。这是企业一边按照合同规定支付工资，一边又能产生利润的“规则”。

劳动者进行的工资以外的工作，成为企业的利润

这里注意一下就会发现，成为企业利润的“剩余价值”，是**“劳动者在生产商品的过程中产生的附加价值”**。劳动者生产了比自己的劳动力价值更多的价值，而这个差额部分被当作剩余价值。这是企业产生利润的理由。

劳动者进行自己工资以外的工作，产生价值，成为企业的利润。企业采购原材料，使用机器设备，雇佣劳动者进行生产活动。只考虑这个的话，会认为企业利用这些产出利润。也就是说会感觉原材料、机器设备也产生利润。但这是错的。

就像刚才解释过的，棉花的价值和机器的价值（机器的折旧部分），只是将金额原封不动地转移为棉线的价值。比如，如果在机器设备上使用了 1 万日元，那么做成的商品中就有 1 万日元的部分是机器设备的贡献，机器设备这一形式的“价值”，只是变换了形态，变化在了商品当中。

产生剩余价值的结构（利润的构造）

生产 20 公斤棉线

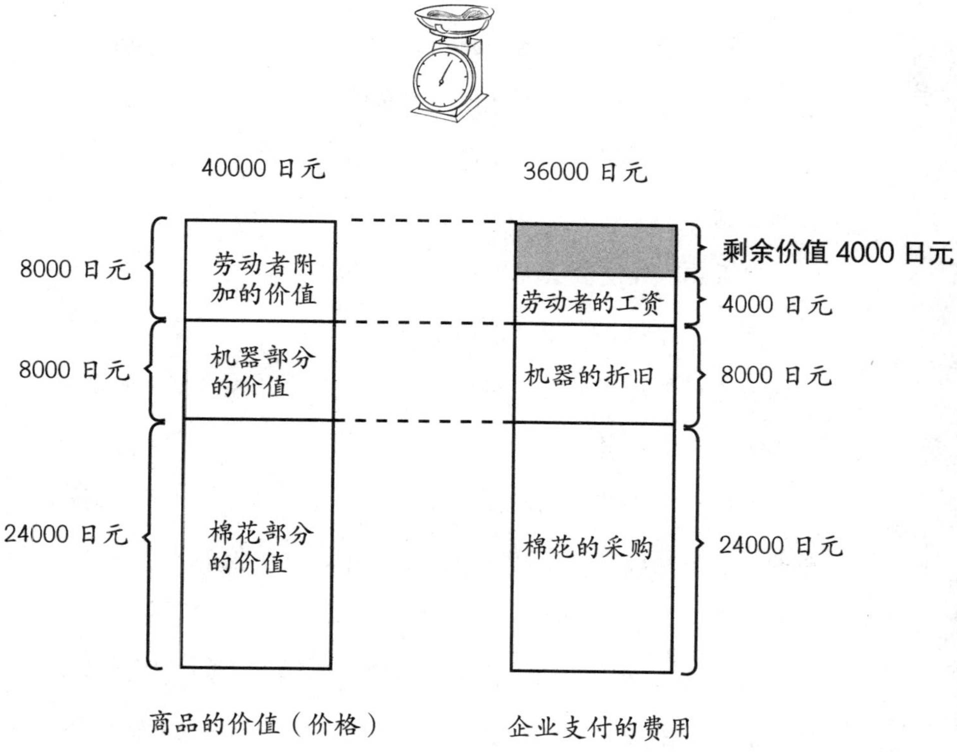

所谓利润是劳动者进行自己工资以外的工作而产生的价值

也就是说，这只是将棉花和机器等形式的“价值”置换为棉线这一形式，并不是产生了新的价值。就是说无论采购多么好的原材料，无论使用多么好的机器设备，企业的利润都不会增加。

当然，如果使用好的原材料，商品可以设定高的价格。比起普通的茶叶，使用宇治产的玉露就能卖得更贵。但是，这部分因为“原材料采购”的金额也会增加，所以企业的利润是没有增加的。

在采购以外使价值增加的，只有劳动。

加工的原材料，虽然形状改变，但价值并没有增加。而由劳动者进行的加工，使得价值提高了。并不是因为材料贵，就能够赚取更多利润。

原材料（棉花）和机器设备等，不管采购和导入多么好的东西，也只是改变形状转移到商品当中，其价值的大小在加工后也完全没有改变。这在《资本论》的用语中，叫作“不变资本”。

而另一方面，劳动力这种“原料”则稍有不同。用刚才的例子来说，用4000日元来购买，结果却产生了8000日元的价值。这样一来，能使价值增加的，只有“劳动”。

劳动相对于不变资本，被叫作“可变资本”。也就是说，企业使劳动者工作，可以产生支付工资金额以外的价值，提高利润。实际上，这也正是现代企业陷入困境的理由，显示了今后资本主义经济的本质。

要点：

产生剩余价值的只有劳动。原材料或机器（= 不变资本）不产生利润。产生价值以外的利润的只有劳动（= 可变资本）。劳动者因进行自身价值以外的工作而产生利润。

企业追求的 3 种剩余价值

劳动者为了自身生存下去而进行必要量以外的工作，并产生剩余价值。这就成为企业的利润。但“剩余价值”有 3 种。具体来说就是：

①“绝对的剩余价值”

②“相对的剩余价值”

③“特别剩余价值”

每个都是“剩余价值”，但它们产生的方式不同。

1.“绝对的剩余价值”

所谓“绝对的剩余价值”，是指单纯地使劳动者长时间工作而产生的剩余价值。

以刚才棉线的例子来说明。劳动者的日薪为4000日元。无论使劳动者做多少工作，都是“一天4000日元”。但是另一方面，使劳动者长时间工作的话，就会增加加长的部分产生的附加价值。如果将4小时劳动变为8小时，那么产生的附加价值就翻倍。变为16小时，那么附加价值就变为4倍。

这样使其进行长时间劳动，那么剩余价值也随之成正比例增加。这样产生的就是“绝对的剩余价值”。能够在商品上加上附加价值的，只有劳动。因此，企业想要增加附加价值时，最初考虑的是“长时间劳动”。

比如工业革命后的英国，劳动者被强制进行一天16小时的劳动。即使是现代，也有强制员工进行超长时间劳动的企业。这用马克思的语言来说，是因为以绝对的剩余价值为目的（在现代，如果使员工进行长时间劳动，必须支付这部分加班费。因此，准确地说人工费并不是一定的。但按照规定支付加班费的企业整体来说较少，从这个意义上来说，可以认为马克思的理论也完全契合现代社会）。

使劳动者更加集中地增加一定时间内的工作，这种情况也产生“绝对的剩余价值”。企业任意驱使、虐待劳动者，但并不是“不正当”的低价雇佣。

企业仅对劳动力的价值，正当地支付金钱。企业与劳动者签订合同，购买这个劳动者一天的劳动力。也就是说，持有使这个人工作一天的权利。行使此权利，正当地取得尽可能多的绝对的剩余价值。

但是，即使强制劳动者进行重劳动或长时间劳动，也有限度。如果超过限度，就会损害劳动者的身体健康，无法进行次日的工作了。另外，如果真的激怒劳动者，那么也有可能团结起来进行罢工，而且在现代社会，“黑暗”的侧面一旦被知晓，马上就会被媒体或网络曝光。因此，企业也不能过分增加绝对的剩余价值。

那么，除此之外就无法取得利润了吗？

实际上并不是这样。还有别的形式可以增加剩余价值。这就是下面的“相对的剩余价值”。

2. 相对的剩余价值

人工费是由劳动力的价值决定的。而劳动力的价值是由“为了使这个劳动者明天能生存下去，精神饱满地进行工作所需的必要金额”决定的。可以大致认为是以劳动者的生活费为基准的。

这就是说，如果劳动者的生活费下降，那么劳动力的价值也下降，也就是说工资下降。结果就是企业的利润增加。这样增加的利润叫作“相对的剩余价值”。

一般来说，在某个领域劳动生产率提高，1个商品可以在短时间（以少的劳动）生产出来，这个“商品的价值”就会降低。因为全部的商品都与人（劳动者）的生活相关，所以**无论哪个商品，如果商品的价值降低，使用它的劳动者的“劳动力的价值”就降低。**

比如，过去种植大米和蔬菜需要长年的知识和技术积累，而且实际栽培时也要对一切都加以注意才能最终获得收获。

但现今由于制造技术的进步，可以更简单地进行生产。其结果就是大米和蔬菜的“价值”降低了。这样一来，以此为食物生活的人们，所需的必要生活费就下降了。而因为“为了明天工作所需的材料费”下降，劳动力的价值也下降了。

食物的价值下降，劳动者的伙食费也下降，劳动力的价值就降低。

以前要几千日元的游戏，变为智能手机游戏，几百日元就能买到的话，劳动者的“娱乐费”下降，劳动力的价值就降低。这样想来，通货紧缩下劳动者的工资下降，可以说是因为“工作（劳动力的需求）减少”“物价下降而劳动力的价值下降（劳动者的生活费下降）”。

劳动力的价值下降，企业就可以减少人工费。而另一方面如果使总劳动时间不变，保持生产量，就可以增加利润。这就产生了“相对的剩余价值”。

但此“相对的剩余价值”，并不是各个企业认为“我们公司好像也能产生相对的剩余价值”而进行精心计划就能得到的。这不是计划产生的，而完全是社会一般的劳动者生活费下降的“结果”。

绝对的剩余价值可因企业的“意志”增加。但劳动者也是人，长时间劳动或重劳动都有限度。虽想使其增加，但因为有限度，即使企业想获得更多利润，但在某种程度上会达到顶点。从企业来看就是以“不完全燃烧”告终。

另一方面，即使不使劳动者进行长时间的重劳动，“相对的剩余价值”也增加。但是，企业是不能有意图地增加它的。这也没有改变企业的“不完全燃烧状态”。然而并不能就这样算了。资本主义经济中，企业尝试以别的方法产生剩余价值。

这样产生的就是下面讲的“特别剩余价值”。

3. 特别剩余价值

这种对“特别剩余价值”的追求，是资本主义经济下企业的必然趋势。

但与此同时，正因追求这个“特别剩余价值”，激化了竞争，使得商品变得日常用品化，商品的“寿命”变短。企业经营成为拉锯战，原因也正在于“特别剩余价值”。那么，这个“特别剩余价值”是什么呢？

让我们再次依据《资本论》中使用过的例子，即棉线的例子来说明。例如，为了生产20公斤棉线，周围的公司平均花费8小时。但A公司由于独特的技术研发，4小时可以生产20公斤棉线。8小时可以生产翻倍的40公斤棉线。即使有独特的技术研发，支付给劳动者的工资是不变的。如果可以提高生产率，创造更多的价值（商品），就可以增加剩余价值。这样增加的剩余价值（利润）是“特别剩余价值”。

总而言之，如果提高生产率，在相同时间内制作更多的东西，对于A公司来说，每个商品的价值（个别的价值）就比周围企业的价值（社会的价值）小，原价就少。

但是，因为这个商品的价值是由社会一般来衡量的，所以A公司生产的商品可以卖出与其他公司的商品同样的价格。只是“社会的价值”和“个别的价值”的差额部分比其他企业赚得多。这个差额部分就是特别剩余价值。资本主义经济中，可以说所有的企业都以此“特别剩余价值”为目标。

最近，社会批判“长时间劳动”的呼声很高。因此作为经营者来说，产生“绝对的剩余价值”很困难。而“相对的剩余价值”更无法产生。那么，就只有这个“特别剩余价值”了。只能以比其他公司更好的条件进行经营来赚取利润。

如马克思所述，企业利润的源泉只有“使劳动者进行工资以外的工作”,那么企业必然只能寄希望于特别剩余价值的产生。不得不考虑要做得“比其他公司好”。但是，想要产生这个特别剩余价值的行为本身，结果却变成了自掘坟墓。

要点：

剩余价值有 3 种：
①“绝对的剩余价值”是劳动者长时间工作产生的利润
②“相对的剩余价值”是劳动者的价值下降产生的利润
③“特别剩余价值”是比其他公司提高生产率产生的利润

第 4 章

为何电脑的价格持续下降？

（剩余价值的减少）

特别剩余价值终将消失

特别剩余价值，如果比其他公司生产效率高就能产生。但反过来说，**如果没有其他企业不具备的有利条件就无法产生。**资本主义经济中,几乎所有的企业都以有利的生产技术为目标，每天进行研究和竞争。因此,周围的企业也在开发同样的技术，不断借鉴其他公司的成功事例。只要不是持有专利、特别独特的技术，A 公司的技术最终也会扩大到 B 公司、C 公司，使社会整体变为相同的生产率。

资本主义经济中，这样的竞争是必然的。因为各个公司都在考虑“取得更多的利润”，所以这个趋势不会停止。本章揭示《资本论》的第 3 点精髓，“剩余价值”终将减少的困境和由此造成我们的生活越来越辛苦的构造。

资本主义经济中,企业不断为增加自己的利润而努力。因此,这个特别剩余价值在各个领域不断产生。而产生的特别剩余价值，终将随着技术和知识在社会的普遍传播而消失，最终变得不再“特别”。变得不特别就是成为“社会平均”。为了比其他公司得到更多利润而不断研磨终于达到的水准，结果却变成了“理所当然的水准”。

理所当然的，因为生产率已经提高了，所以变得可以用少的劳力和时间生产商品。也就是说，生产出的商品的价值下降了。

某商品 A 的生产成本下降，则以这个商品为材料的商品 B 的“价值”也降低了。请回想一下，商品的价值是构成这件商品的原材料的价值的总和。

资本主义经济下，即使什么也不做，商品的价值也会不断下降。

并不只是特定的商品这样。因为资本主义的构造是“技术革新”和“成本削减”，所以在社会整体上都是这样价值降低的。以电脑等 IT 机器为例较容易理解。数年前作为最新机种卖 20 万日元左右的机型，现在只有几千日元的价格吧。“价值”降低了这么多。即使这件商品的用途和给予消费者的好处不变，如果竞争导致原材料的价格下降，那么自己制作的商品的价值就会下降。

苹果公司 2007 年开始销售 iPhone 的时候，带来很大的冲击和震撼。但它的技术马上在社会推广，现在已经成为“理所当然的商品”。可以想象，今后几年，智能手机将会降价到几千日元的水平。

价格下降并不是因为厌烦了这个商品，也不是因为不再使用这个商品了，也不是因为这个商品在社会上得到了普及。**“是**

因为制作这件商品的时间和劳力等成本降低了。”“商品的价值降低了”，这一点很重要。

为了增加企业利润的效率化，却是使得企业利润减少的结构

资本主义经济中，各个企业一直都在为提高效率而努力。不仅是单纯地激励劳动者，还有导入能提高生产效率的机器，导入能提高业务效率的软件，等等。另外，通过委托其他公司而降低自己公司的成本，搬到共享办公室而降低房租，这都是“业务效率化”。

想要提高效率，这对经营者来说是理所当然的。相反，认为不提高效率也可以的经营者，恐怕很难活跃在第一线。然而，这种“作为经营者来说理所当然的行动”，却使得企业陷入困境。也就是说，对企业来说短期必要的，有积极意义的行动，长期来看却成为企业利润减少的要因。为什么呢?

这只要从商品的“价值”来考虑，就能明白。如果提高生产效率，确实就增加了生产量。而且是飞跃性的增长。但如果时间效率提高，就会沦落为“可以简单制作的商品”。会被认为“因为导入了机器，就可以相当简单地完成了吧”“因为相

当程度地提高了生产效率,就变得在短时间可以生产出来了吧”。而且会被认为“因此，这件商品就可以便宜点了”。

马克思在《资本论》中讲到，如果导入机器，提高了生产效率，商品的“价值”就下降。高效率的生产就是可以以少的劳力进行生产。这也就是“价值下降”。而且，价值下降，价格就下降。提高生产效率的行为，导致了商品价格下降的结果。

各个公司争取更好的性能，更高效生产的结果，使得“可以简单生产的技术”得到普及。可以简单生产的商品，在生产时花费的成本减少。也就是说“价值”下降。提高生产率，意味着可以产生更多的商品（价值），可以使生活变得更好。但同时，因为“商品可以简单地生产”，商品的价值会下降。也就是说，商品的价格也会下降。而由于生产技术的普及，甚至会引起短时间内剧烈的价格崩溃。这也就是由于技术的普及而导致的商品的日常用品化。

技术革新会提高劳动的生产率，增加剩余价值。短期来看，技术革新的兴起可以降低制造成本，像苹果公司一样开始销售新价格的商品。不管怎样，企业的利润都会增加，为此都会以技术革新为目标。但在技术革新兴起后,这项技术迟早都会普及。而商品的价格一定会下降，最终沦为日常用品。

也有其他相同的事例。比如大家现在手里的“书”。古腾堡发明了活字印刷机，使活字书的制造成为可能。虽然这样，印刷和装订的过程中手工操作相当多，是模拟式的。因此书的价格相当贵。但现在，几乎所有的工序都是利用机器进行的。机器读取数据，机器印刷，机器裁纸，机器装订。这样一来，如果想做，1 万本书 3 天也可以做出来。生产效率有了飞跃式的提高。但是，另一方面，“书的价格”变得便宜了。

曾经，胜海舟为了学习“兰学（经荷兰传入日本的西洋科学）”想要买的荷兰语词典，换算成现在的价格要值 3000 万日元。现在，1 万日元以内就可以买到荷兰语词典。包括荷兰语在内的有 32 国语言词典的电子词典，不到 3 万日元。词典的功能不变（甚至现代的词典大概更好吧），但价格变为原来的百分之一以下。因为可以简单地生产，所以价格降低了。

当初即使导入机器，商品的价格也不下降。即使只有一部分导入了新技术或新设备，在扩大到社会整体之前，行情也不变。因此，“用以前的价格可以生产很多”的时期会持续一段时间。这期间，对企业来说是“甜蜜期”。

但在企业同行的竞争中，考虑“降低价格吸引顾客”的企业终将出现。也许马上就会出现。之后，对价值下降的部分，就必须便宜销售。这是个大矛盾。

要点：

由技术革新导致的生产效率化，最终引起了日常用品化。但在资本主义经济中竞争是必然的，无法停止。

资本主义经济中，利润减少

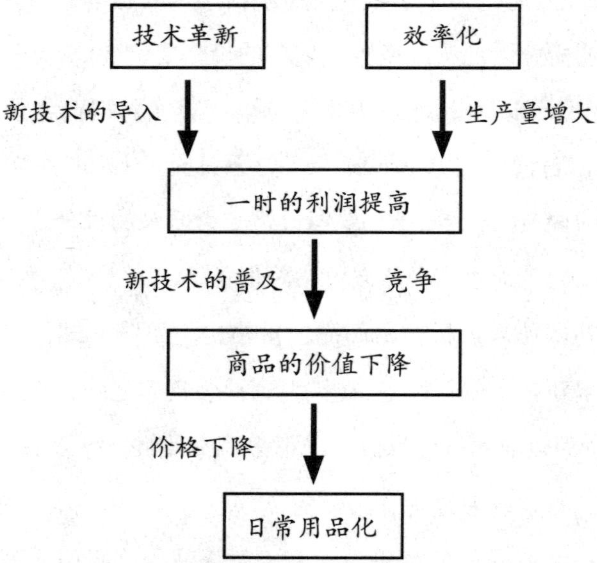

追求利润而导致陷入难以产生利润的困境

机械化加速了易模仿性

半导体曾经是日本最擅长的，但现在被韩国制造商压制。这是因为日本的技术被复制了。20 世纪 80 年代后半期，由于发生了与美国的贸易摩擦，日本的出口不得不减少。此时日本向韩国传授制造方法，采取了“经由韩国”向美国出口的战略。这确实应付了一阵，但它的代价就是制造技术最终流入了韩国。

为何日本的绝活半导体可以被韩国非常简单地模仿呢？因为制造技术被机械化了。模拟商品，即所谓工匠制造的情况下，有很多不能用语言表达的技术或需要“以身体学习”的部分。只是单纯地学习制作方法，并不能简单地模仿。但如果制造工序被机械化，只要复制“制造程序”就可以了。

如果导入生产所需的必要设备，加入制造程序的软件，就可以制造出完全相同的东西。即使开发出划时代的生产方法和使性能大幅提高的技术，也可以简单被复制。这是机械化带来的大“弊端”之一。

制造技术机械化，则生产此商品的技术变得可以被简单复制。也就是说，变得容易模仿。而变得容易模仿，就会被模仿。被模仿，则会在业界传播，就已经不再是自己独有的技术。

当然，并不是有意使自己公司的技术向外流出的。很少会有企业将一件产品全部由自己公司开发。会从有业务往来的公司采购部品和生产设备等。因为这些公司并不只与你的公司有业务，还向B公司、C公司进行提案，结果就变成大家都能使用相同的技术了。而且，如果大家都能够制造相同的商品，那么这件商品就很难卖出高价，从而沦落为“日常用品”。

再重复一遍，这是提高生产率以期增加利润，想与竞争对手拉开差距生存下去的企业努力的结果。这种努力在资本主义经济下是“理所当然”的。这种“理所当然的努力”，终将导致自己公司的商品变得日常用品化，引起价格崩溃。

为了增加利润的机械化，使得剩余价值难以产生

企业在追求利润过程中的“效率化”“机械化”是自掘坟墓，也叫作资本主义的“绞索”。而且在“机械化”中，还有另外一个绞索。这与单纯的效率化不同，有“从职场削减劳动者”这一侧面。减少劳动者，对企业来说一定会带来负面影响。想增加企业利润而进行机械化，减少劳动者，相反却使企业的利润减少。

企业生产商品产生利润，是**“因为使劳动者进行工资以**

外的工作”。劳动者产生自己工资以外的附加价值，变成企业的利润。这就是说，如果不雇佣劳动者，那么企业就不产生利润。

无论使用多么好的材料来生产商品，材料的价值都不会膨胀。使用1万日元的材料的话，商品的价值就只增长这1万日元的部分。

无论使用多么好的机器设备进行生产，商品的价值并不因此而膨胀。价值增加，只因生产过程中劳动者产生附加价值。因此，如果不雇佣劳动者，就不产生剩余价值（附加价值）。

但是，环视现实社会就会发现，大部分企业以机械化为目标。在现场导入机器，想要尽可能地以效率化推进工作。如果导入机器，使现场机械化，就会增加生产量。但**机械化会使“一个商品的平均剩余价值”逐渐减少**，其结果就是从相同商品得到的利润逐渐减少。

也就是说，利润率会降低。

让我们用具体事例来说明吧。某企业使用100万日元来扩大业务。这100万日元如何使用，多少用于设备投资（增加机器），多少用于人工费（增加劳动者），有各种各样的方案。

假设劳动者产生的剩余价值与自己的工资等同(也就是说，产生自己工资一倍的价值）。我们试着计算一下此时的利润率。

例 1：

以 30 万日元导入机器设备，70 万日元雇佣劳动者（附加价值也是 70 万日元）

利润率 =70 万日元（附加价值）/｛30 万日元（机器）+ 70 万日元（劳动者）｝=70 / 100=70%

例 2：

以 40 万日元导入机器设备，60 万日元雇佣劳动者（附加价值也是 60 万日元）

利润率 =60 万日元（附加价值）/｛40 万日元（机器）+ 60 万日元（劳动者）｝=60 / 100=60%

例 3：

以 50 万日元导入机器设备，50 万日元雇佣劳动者（附加价值也是 50 万日元）

利润率 =50 万日元（附加价值）/｛50 万日元（机器）+ 50 万日元（劳动者）｝=50 / 100=50%

产生附加价值的，只有劳动者。因此，劳动者的数量减少，则剩余价值（附加价值）理所当然也减少。

当初为了增加利润而忽视原则

这里让人为难的是，如果导入机器设备就提高了劳动生产率，从而隐藏了“原则”。就是说当初企业的利润得到了增加。而由此隐藏了**“劳动者如果减少则附加价值减少”**这一原则。

经营者为了增加利润而导入机器设备。对于导入机器设备后利润会变得如何,都是进行了认真计算的。而且应该是确认“利润会增加”后决定的。当初利润确实是增加的。

但是有必须考虑的事情。就是**“这个技术革新终将在世间普及”**。这样一来，就会导致整个行业的生产效率提高，生产量增加，生产物的价值下降。

即使技术革新兴起，使得生产量增加，也只是短期的兴奋剂,长期来看商品可以被简单生产,则有使商品价值下降的效果。也就是说，技术革新越进步，经济越成熟，越有利润率降低的倾向。换句话说，就是陷入“薄利多销商业模式”。这是资本主义经济很大的自相矛盾之处。

以加速度提高生产效率的理由

企业追求利润，推进效率化，长期来看是自掘坟墓。追根究底是与某个要素相关。依据马克思的理论来思考，关键词是“分工”。为了提高生产效率或业务效率，分工是不可或缺的。而随着分工的深化，却导致自食恶果。

亚当·斯密在《国富论》中曾经讲过，如果进行分工，区分工序，生产率会得到飞跃式的提高。以别针工厂的操作为例，“各工序分别进行，一天可以制作 4800 根别针。但想要整个过程由一个人来做的话，一天连一根别针也做不出来吧”。这正是分工的强大威力。为何分工有如此强大的威力呢？又为何这种威力结果却使得企业作法自毙呢？

让我们试着回顾一下马克思的讲解。

生产率飞跃式提高的背景中，工作现场的机械化是不可或缺的。工作现场如不机械化，生产率并不会提高那么多。但即使说“假设机械化好”，也不是所有工作都能实现机械化。为了现场机械化，这个工作必须能够进行机械化。也就是说，工作的工序必须变得足够简单。

比如，餐饮店的工作，就没太有机械化（自动化）的进展。这是因为将客人带到座位，点餐，制作菜品（商品）并送给客人，这样的工作无法进行机械化。即使诞生两条腿行走的机器人，要将餐饮店的工作全部机械化还是很难的吧。因此没有被机械化。

但为何没有被机械化呢？因为没有实现“分工”。

这里想要思考的是,“为何分工,生产率会有飞跃式的提高”。用一句话来说，这是因为各个操作变得极其简单，可以进行极其快速的处理。

从 1 到 10 的工作由一个人来做的情况，必须要转换头脑，移动位置。还要一边考虑着下一个工序一边来工作。如果分成做“1”的人，做“2”的人，那么自己就可以集中精力做眼前的这一个工作。而且如果每天重复这个限定的工作，工作的熟练程度就会很快提高。

分工打下了机械化的基础

分工使得生产率飞跃式提高。这对资本家来说是很有好处的。在尚未发达的经济中是不可或缺的。而与此同时，分工的深化是向机械化发展的必备条件。正因为生产现场分工的深化，完成了从“工场手工业”到“机器大工业”的转化。

所谓分工，就是工作被细分化。因此，每个人的工作内容变得单纯。单纯的工作容易做得专业，劳动者的熟练程度增加，生产率提高。而且如果分工并使得工作简单化，那么能够负责这道工序的机器也变得容易制造。即使不能制造出从零开始生产商品直到最终完成的机器，但将工序细分后，设计出只负责某一工序的机器应该是可行的。

虽然也许无法制造出从小麦粉做出比萨饼，摊平并在上面堆放配菜，在合适的温度下烤制的机器，但如果制造从小麦粉做出比萨饼的机器、摊饼的机器、堆放配菜的机器、烤制的机器呢？这样的机器好像能够制造出来。也就是说，由于分工，促进了技术的进步和机器的发明。而各个部门不断发明机器，工厂的现场就从劳动者为主体的工场手工业发展为“机器大工业”。

但这种“机械化”长期来看会减少企业的利润。想要增加利润而促进了分工，由分工促进了机械化。而机械化导致了商品的价值下降，产生附加价值的劳动者减少，结果使得企业的利润从长期来看会减少。

这是从“增加利润”这个目的出发，几乎所有企业会陷入的必然法则。

要点：

追求利润而促进效率化，则分工和机械化变得不可或缺。机械化带来的技术革新产生了一时的利润，而因为可以简单复制，最终变为理所当然的基准，导致劳动力的价值下降，长期来看利润降低。

无论如何都想提高利润率

在自由竞争的社会，无论是谁都在追求效率。其结果就是形成了薄利多销商业模式的倾向。由效率化和机械化导致商品价值下降，一个商品的平均剩余价值变小，这在资本主义的原则下，成为主流。

但并不是所有企业的利润率都减少。这是因为在另一方面，有提高利润率的要素。有这个要素，就可以不陷入薄利多销商业模式，从而站稳脚跟。会使用它的企业，也就可以“逆流而上”增加利润。那么，为了站稳脚跟的要素究竟是什么呢?

将利润率用公式表示，即为：

利润率＝利润 ÷ 花费的费用

将它转换为马克思的表述即为：

利润率＝剩余价值 ÷（原材料及机器设备费用＋劳动者的工资）

为了利润率不降低或提高，会选择下面其中之一

①或减少分母（降低生产成本）

②或增加分子（提高剩余价值）

如果有这些条件,利润率就不会降低,就不会陷入薄利多销。

那么，如何能实现这个条件呢?

1. 减少分母的要因

为了降低生产成本，有 3 点。

- 降低原材料或机器设备费用
- 降低劳动者的工资
- 强制降低劳动力的价值

让我们来分别说明。

一是降低原材料或机器设备费用。

如果技术革新兴起，物品变便宜，不景气的环境下价格降低等，原材料或机器设备费用就降低。另外，如果贸易繁荣，就能够购买海外产品、海外的原材料。选项有所增加的部分，则可以便宜购买。

二是降低劳动者的工资。

如果劳动者的工资（= 人工费）降低，相应地企业的利润就增加。劳动者工资下降的要因，大致分为 2 个。其一是物价下降。如果物价下降，劳动者消费的生活用品可以便宜买到，劳动力的价值就下降。因此，人工费就下降。通过贸易，可以买到海外低价生产的商品，也同样可以使工资下降。

另一个要因是找工作的人增加。

如果想要找工作而找不到的人增加，劳动者的工资就下降。不仅是“如果经济不好失业率高则工资下降”，人口爆发式增长的发展中国家也会有相同状况。虽然经济情况好，但却有更多的“想要找工作的人”。因为这些人“即使便宜也工作”，企业也会认为“有很多替换者”，从而使劳动条件变得恶劣。

三是强制降低劳动力的价值。

劳动力的价值是“为了这个劳动者明天也能同样工作所需的必要成本”。也就是说，支付为了生活，恢复体力，放松心情，扶养家人所需的必要金钱作为工资。

日本与发展中国家相比，这个“必要成本”大有不同。但同一社会中，A 和 B 的“必要成本”没有太大变化。也就是说，相同职业下，A 与 B 的工资相同。

但企业可以强制降低劳动力的价值。本来月工资 20 万日元是合适的，但却可以说“我们的月工资是 15 万日元”。15 万日元本来是在“劳动力的价值”以下。但在这个金额上如果有愿意工作的人，企业就可以确保劳动力。即使人工费减少，这个劳动者产生的成果不变。即使工资减少，成果不变。而这个差额，就成为企业的剩余价值。

那么下面是另一个要素“增加分子的要因”。如果分子增加，就会导致利润率提高。有这些要因，就不会造成“薄利”。

2. 增加分子（剩余价值）的要因

为了增加剩余价值，有如下策略。

- 使劳动者长时间劳动
- 兴起技术革新，提高劳动者的生产率

一是使劳动者长时间劳动。

这也就是增加“绝对的剩余价值”。如果劳动者以相同的工资可以进行比现在更多的工作，这部分相应产生的剩余价值就增加。对企业来说，这也许是“上手最快的方法”。只要单纯地命令“做更多的工作”，其他什么都不改变就可以使其长时间劳动。超过限度的就是“黑心企业”了。

但最近社会压力增大，企业开始以别的说法向劳动者传达。比如，不是说“做更长时间的工作”，而是说“这个月起，请连这个也负责做了”来扩大业务范围，这是经常有的事情。总而言之就是“请做比现在更多的工作”。因为很多劳动者责任感强，所以被赋予职责后，都会善始善终。

企业没有说“要长时间工作”，只说“今后连这个工作也做了”，但结果是使其做更长时间的工作。

二是提高劳动者的生产率。

如果提高劳动生产率，就能增加剩余价值。其中虽有给予劳动者过度压力的企业，但基本上可以减少劳动者的负担而产生剩余价值。也有悬挂劳动者想要的“胡萝卜”而引出长时间劳动的企业。

比如，假设这个公司劳动者人均生产 100 个商品，经营者提出“如果能生产 200 个商品，就作为奖励支付 5 万日元”的条件。为了要 5 万日元而想做出翻倍成果的劳动者应该有很多吧。

但从企业角度来看，只需 5 万日元就可得到一倍的成果。原来工资比如是 20 万日元，那么工资只提高 25%，利润就翻倍。

“提高利润的要素”持续到何时?

所有企业的利润率下降，这是资本主义经济的命运。但如果有刚才举出的这些要素，就可逆转这个“命运”，增加利润。

但是就如刚才解释过的，因为有逆转这个命运而使利润增加的要素，大部分企业在不知前景如何的情况下做着业务。

向水桶注水，最初什么都不会发生。但水桶的水位上升，超过界限，就会一下子溢出水来，问题就会变得表面化。

但是，已经变成这样就不能再回头了。这正是“覆水难收”。

原材料、机器设备费用如果能降低就好了。

劳动者的工资如果能降低就好了。

劳动者的价值如果能强制降低就好了。

如果能使劳动者长时间劳动就好了。

如果能进行技术革新，提高劳动者的生产率就好了。

确实在做到这些的情况下，可以没有问题地扩大生产、扩大利润。但这些要素并不能永远使用。

这些“兴奋剂”消失的瞬间，企业的问题就都显现出来了。但此时已经持有了大规模的生产设备，不能回头了。

成为持有庞大的固定费，而几乎没有利润的状态。这之后，要么进行大规模的产业重组，要么这个企业就只能破产了。

要点：

为了提高利润率，有2个方法。

①降低生产成本：使原材料和机器设备变便宜、使劳动者的工资降低、强制降低劳动力的价值。

②提高剩余价值：使劳动者长时间工作，提高生产效率。

第5章

不及格就无法生存的考试

至此，讲解了《资本论》的 3 点精髓“价值和使用价值”“剩余价值”“剩余价值在减少”。150 年前写的《资本论》，解明了资本主义的构造，它的结构与现代经济的构造完全相同。

我们的工资不提高，而且以后越来越难提高，并不是劳动者的努力不足，也不是企业在“不正当地”榨取劳动者，而是被资本主义经济支配的这个世界的残酷规则。那么，在这个规则中，我们如何生存下去呢？

在具体讲解之前，这一章我们先来思考一下在《资本论》的延长线上，是什么样的未来在等着我们。

企业的生产力扩大，而消费者的购买力下降

企业想要取得更多利润而提高生产效率。生产的产品不断增加，世间商品满溢。看看现在的社会，店铺的库存中理所当然的有一部分是残次商品。这些库存，确实不能卖。多数会是谁也不买而最终由制造商处理的命运。

这样的大量生产，每天都在进行。这并不是单纯的生产能力提高了。因为薄利多销，如果不大量生产大量销售则无法赚取利润。因此，即使明白大量生产是浪费的，也不能停止。只要有销售的机会，如果不竭尽全力去卖就不能赚取利润。而且，

如果认为“只有自己公司控制在适量范围，就是将市场让给其他的竞争公司”，那么控制生产将更加困难。

世间商品满溢，在资本主义的原则下，是“理所当然的”。

但另一方面，业务被效率化，商品被大量生产，正是在这个过程中，推进了机械化。机械化的推进，使得必要劳动者数量减少，劳动力的价值也下降。也就是说，领取工资的人的数量减少。

同时，即使领取工资，它的金额在成熟社会中也会减少。这是因为如果社会进步，“劳动者生活所需的必要经费”减少，劳动力的价值（= 工资）也减少。这也就是说企业的生产力逐渐增长，劳动者领取的工资总额逐渐减少。这表示一方面世间提供的商品增加，另一方面购买它们的国民（= 劳动者）的购买力减少。

企业想要进一步增加利润的行为本身，最终造成企业没有利润的状况。

这是一个很大的矛盾，是资本主义最大的困境。

企业追求更多利润的行动的结果，就是行动本身使得劳动者的工资减少，消费者也就是企业的“顾客”减少，商品卖不出去。但与此同时，企业在增加利润的过程中陷入了必须“薄利多销”的状况。因为技术的进步，这几年更高程度的商品被生产出来。

但生产技术也在进步和普及,这些商品成为日常用品,价格下降。

虽然必须薄利“多销”，劳动者的工资却减少，无法购买。并不是某个商品剩余，卖不掉。这是从社会整体来看，“商品过剩”。另外，也并非因为是没有魅力的商品而卖不出去，也并非因为年轻人都是草食系（不积极主动）而卖不出去。说到底是没有购买力。

要点：

资本主义经济中，因生产力提高而薄利多销。由于劳动者的工资逐渐减少，没有购买力而导致“商品剩余”。

脱离消费者的“扩大”的产生

与其说很多企业以“增收”“扩大”为目标，不如说也许以增收和扩大为目标是在资本主义中存活的企业的宿命。但本来不应该以增收（增加销售额），而是以增利（增加利润）为目的。而且，不应该以单纯的规模扩大为目的。

作为在资本主义中存活的企业,也许“扩大”也是一个目的。但单纯以扩大为目标，企业就变得反常。

企业本来是为消费者工作的。生产消费者购买的商品，为了到达消费者手中而工作。但如果组织变庞大，那么为了维持组织所需的工作就增加。请想象一下现代的大企业。大企业中，人数很多，并分配在各个部门。因为每个人的判断范围变小，所以决定一个事情必须听取很多人的意见并进行汇总。

总而言之，与一个工作相关的人变多了。因为需要汇总很多人的意见，所以“会议”和“斡旋”等“面向内部的工作”变多。“面向内部的工作”是与消费者无关，是“因为公司内部需要”的工作。

比如“斡旋”。决定事务之前，对重要人物进行个别说服，将其拉进己方阵营。想方设法取得赞成票，进行一些在会议等场所不能说的“直截了当的谈话”，提出一些不情之请，动之以情地将其拉进己方阵营。

大企业中，就有案例显示这种“斡旋”很重要。而“斡旋”和会议反复进行，使得很多相关者达成一致并推进话题。这对于推进组织中的工作很重要。但“斡旋”和“会议”本身，是对商品改良没有半点用处，不会生出 1 日元利润的“面向内部的工作”。并不是说比其他公司会议和斡旋多，就能做出比其他公司好的商品。

如果说企业的目的是“提供顾客喜爱的商品，取得利润”，那么公司内部会议和斡旋就是“没用的工作”。会议是统一自己公司内部意志，推进工作的必要时间，不能为“零”。但会议本身不产生利润，这也是事实。

另外，为了扩大组织和生产规模，相应的设备和人员是必要的。这样一来，就出现了并非为了向消费者销售商品，而是为了进行扩大所需的必要设备、人员。

当然，这些设备、人员也是维持组织所必要的。但这是与消费者的需求相剥离的。消费者的需求一旦消失，这个膨胀的组织就一下子变成没用的，逆转成为“包袱”。

马克思并没有讲“大企业的斡旋是浪费”。但对脱离消费者而扩大生产的企业进行了描绘，并认为应该对此问题予以重视。

“不景气”对资本主义有意义

资本主义经济中，企业为了取得更多利润而努力。其结果是利润率下降，生产出劳动者（国民）购买力以外的商品。

商品的销售有剩余，这个企业的业绩就恶化。此状态不断深化，企业的业绩恶化不能停止，就会破产。资本主义经济中，这是整体且必然发生的。最终，世间充满“销售剩余的商品”，引起企业破产的连锁反应。但经济恶化或经济危机并不是资本主义的终结。这是有“意义”的。甚至可以说正因如此资本主义才有继续的可能，社会才更加发展。

1929 年发生了世界经济危机。彼时，据说美国的失业率达到了25%，是如此深刻的不景气。但是，并不是所有企业都破产了。“强”的企业，素质好的企业，被消费者喜爱的企业生存了下来。与此相对，生产率差，马马虎虎的企业转眼之间就破产了。

也就是说，经济危机对企业进行了选择和淘汰。

经济形势好的时候，因为需求大，生产率差、价格稍高的产品也能卖出。正所谓，“不景气”对资本主义有意义。

即使企业不怎么进行改善经营的努力,问题也不会表面化。不怎么优秀的人也可以创办公司进行经营。这样世间就有很多不“专业”的“马马虎虎的公司”。但是，经济危机的发生使状况一下子发生了改变。企业加强了合理化，被强制生产更能被消费者认可的商品（使用价值高的商品）。

如不能这样做就无法提高收益，店铺只能关门。这样由经济危机淘汰“无效率”的企业，只留下“高效率”的企业，使得“下一个时代”的生产活动持续下去。这是经济恶化和经济危机的“作用”和“意义”。

如果不发生不景气会怎样?

这里希望能停下来思考一下。如果“妨碍”了不景气的发生会怎样呢?

日本政府迄今为止每年投入数兆日元的税金用于经济对策，以支持景气的经济形势。因为如果经济恶化，失业率就提高，国民的生活就变得艰难。确实，如果不景气的话，工作就减少，奖金就降低，失业的人就会增加吧。不希望发生不景气这是自然而然的想法，如果能避免不景气那么就想要避免它，这也是理所当然的想法。

但其结果就是“不景气的作用”会消失，这也是事实。如果政府以辅助金支撑，那么无效率的企业就会因此继续存在。从我们消费者的角度来看，就是使用我们支付的税金，让素质恶劣商品价格高的企业继续存在。

对资本主义经济来说，“经济恶化”是一种考试。只有在考试中及格，生存下来的企业，才能向前发展。但在现代，各国都在这场考试中作弊。想方设法想要“全体及格”，不出现“不及格”。经常会说“不接受考试，以自动升学模式升到大学的人是傻子”。这也是一样的。成为取消原本定期发生的考试（经济恶化）而全体及格的世界。

只要是资本主义，就不能避免利润率下降。一方面商品逐渐流向市场，另一方面劳动者的购买力逐渐下降。这样的话，生产出来的商品卖不掉的时刻一定会到来。此时，本来是通过经济恶化或经济危机来淘汰企业，调整供给量的。现在的政府施行的经济对策，和竭尽全力使用税金购买过剩商品来支撑是一样的。这样一来不管到什么时候经济都无法变得有利。

在资本主义经济中生存，也就必须接受经济恶化或经济危机。不这样的话，不管我们缴纳多少税金都不够。

我自己在高考中非常辛苦，而且失败过一次。因此，如果被说“再接受一次那个考试吧”我会感到“绝对不想”。谁都不想考试。但如果不接受考试，整体水平降低，没用的也会一直留下。

必须认为**资本主义经济中需要有“经济恶化”**。

我认为这需要再一次铭记在心并有此觉悟。

要点：

因为资本主义经济中利润率下降，所以必然变得不景气。但不景气对于淘汰企业、调整供给量有意义。

“生死攸关的跳跃”的风险更高

经济恶化和经济危机应该去除资本主义的“脂肪（没用的部分）”，只留下更强的企业和消费者认可的企业。但现在，各国都以政府的力量防止经济危机发生。这是为了避免经济混乱，而其“副作用”就是不管何时无用的部分都继续残留下去。

而更成问题的是“不管何时‘供给过剩’的状态都会持续”。而供给过剩的状态持续就会“不管何时‘薄利多销’的状态都会持续”。

马克思论述到，为了使生产的物品变成商品，必须进行“生死攸关的跳跃”。无论什么商品，完成后都必须要接受“是否入消费者的眼”的考验。正如第 1 章中讲解过的，商品中“使用价值”是必要的。

但决定有没有“使用价值”的是别人，商品不做出来看看的话，就无法得到判断。如果这个考验不及格，物品就只能是以物品告终。不能成为商品，最终谁都不会购买。如果这个考验不及格，就不能成为商品而“死掉”。这就是“生死攸关的跳跃”。

这个结构在现代也没有改变。但马克思生活的时代和现代相比，情况有了很大的不同。有什么不同呢？就是考验的难易度。马克思生活的时代，是工业革命的正中。新的生产技术被发明，由此带来了生产能力飞跃性的提高。商品的生产量爆发性的扩大。但即使这样，仍然是物品不足的时代。人们的生活不便，不卫生。人们时常会想“想要那个商品”“有这样的商品就好了”。

但现代是怎样的呢？为了生存所必要的物品几乎齐全了。生活中不必要的娱乐和奢侈品也很丰富。当然，马克思也指出了企业（资本家）被淘汰的情况，“不能生存下去的资本家（破产）成为劳动者”。但考虑竞争的激烈性，现代的强度要远远大得多。

被叫作“物品剩余的时代”已经很久了，但无论哪种商品也都在销售。现状是有一部分商品是消费者自己觉得“想买”的，但大部分情况是企业竭尽所能去销售，终于被购买。

也就是说，能使消费者感到“使用价值”的商品很少，消费者已经被满足，如果不是相当好的东西，就不能感到其使用价值。如马克思所说，现代也在为了生产的物品变为“商品”（为了谁能购买）而进行“生死攸关的跳跃”。这一点没有改变。

但是，这个跳跃的结果，是生存下来的概率显著降低。生存概率降低的一个理由是因为消费者已经被满足了。但不只如此，还因为商品供给过剩且鱼龙混杂。

消费者想要购买能够满足自己要求的商品，但不知道买哪个好。眼前摆着很多商品，无论哪个都在宣传“这是好商品”，但其中包含“假货”。谁也不想购买假货，所以很慎重。但即使这样，也有很多买到假货的情况。买了之后后悔的商品、吃过之后才知道非常难吃的观光地的餐厅、“虚假标题”的商务书等，假货的数量很多。如果经济危机淘汰素质恶劣的企业，那么必然只留下被消费者选择出的企业。

但现在对经济恶化过于恐惧，所以使得素质恶劣的企业都能生存下来的政策一直在持续。这就更加招致消费者的不信任，提高了企业的风险。这样考虑，就可以看出使用税金支撑经济的“另一个弊端”。

一般情况下，对于投入税金作为经济对策是有“寅吃卯粮，所以反对”的呼声。也就是说，给自己的孩子这一代留下债务。自己轻松安逸，却使下一代陷入辛苦的境地。

而还有另一个问题。无论到何时供给过剩和“鱼龙混杂”的状态都得不到整理而被搁置。孩子们好不容易长大，想要开始经营的时候，这个供给过剩的状态仍在持续怎么办呢？成为极其难赚钱的状态。持有着大额贷款，经营的难度提高很多。这就是国家级大规模财政支出政策对经济的过度支持。

要点：

供给过剩导致生存概率大幅下降。政府的经济对策导致本来被淘汰的得以生存，鱼龙混杂更加严重，生存难度提高。

为何会发生雷曼金融危机？

2008年，美国发生了雷曼金融危机。由于高风险住宅贷款的次级抵押贷款的损失，雷曼兄弟投资银行持有巨额负债而破产，成为世界金融危机的导火索。

2013年，中国影子银行问题深化。所谓影子银行，是通过不是银行的证券公司或对冲基金等金融机构进行资金调配，据说在银行不直接对企业和地方政府贷款的中国，产生了约3000

兆日元的资金流动。近年这些投资基金发生了不履行的情况，引起了连锁性的对金融危机的不安。

2014 年，比特币的大型交易所 Mt.Gox 公司破产，掀起大的波澜。比特币是互联网上流通的电子货币，又叫假想货币。其交易所被黑客攻击，总额 740 亿日元的比特币消失。如果只看发生的现象，可以看到各种事态。但这些现象都有共通的要素。这就是**它们都是本来不产生任何价值的东西被作为“资本”而引起的事件**。

随着资本主义的成熟，商品的利润率下降。商品的提供终于超过了劳动者（= 国民）的购买力。其结果就是变成了商品很难售出的世界。消费者即使想买商品也不能买了。

另外，工资不提高，雇佣也变得不稳定。购买力变得相当小。这就是当今的日本。在这样的时代背景中，“今后想买这个”的这种欲望甚至都没有了。这样一来，对于商品没有魅力，对消费者没有号召力这些情况，无论企业想出多少主意，效果也很微弱。

最终就会成为无论生产什么商品，都不能赚取更多利润的状态。增加资本的量，扩大生产也都无意义，也就是“资本过剩”。不是单纯的商品供给过剩，而是无论经营什么，利润都无法增加的“资本过剩”。这样一来，就不能得到令人满足的利润。

变成这样的话会怎样呢?

资本家会放弃取得利润吗?

并非如此。资金会流向马克思所述的“拟制资本”。所谓拟制资本，就是“本来并不是能产生价值的东西，却被作为产生价值的资本来看待”。

比如,土地、证券、货币等。这些东西原本不会产生任何价值。仅仅持有他们什么都不会发生。但明白持有它们本身就是一种商机的瞬间,这些就成为资本。与其说“成为资本”,不如说“因为进行买卖，成为商机而产生利润，于是被当作资本对待”，这样的表达更正确。

在现代，认为土地是“资本”的人很多。另外，从重农主义的立场来看，也许因为农业是价值的源泉，所以农业的基础土地被认为是“资本”。但是，从《资本论》的立场来看，土地不是资本。

马克思认为，**劳动者产生附加价值，只有人的劳动能产生附加价值**。从这个观点来看，土地不是能产生价值的东西。思考一下就知道，如果仅仅持有土地，什么也不会发生。因为在此之上有人类的劳动,所以才会产生各种各样的商品(农作物)。更进一步来说，土地被认为是“资本”，是因为土地被出租了。因为如果持有土地，出租的话就可以得到地租(不动产收入)。

可以得到作为地租的出租费，所以被认为是“资本”。

再进一步说，如果持有可以得到地租的土地，那么就可以“不劳而获”。有以不劳而获为目的而买卖土地的。其结果就是，从买卖土地也可以取得利润（赚取差额）。这样一来，尽管原本是不产生价值的，但还是能够取得利润。

股票也是一样。如果货币仅仅被持有，是不会产生任何利润的。但因为货币的“价格”变化，所以根据时机进行买卖可以产生利润。因此，被作为“资本”看待成为投资对象。

资本主义一旦成熟，即使对商品生产进行投资，所得的利润也会减少。只能得到少量利润。其结果就是拟制资本作为新的赚钱素材被关注。

现在，土地和股票、货币等金融交易，以商品交易无法相比的程度膨胀。本来，金钱是购买商品的，为了购买商品而做生意，赚取金钱。但现在它从商品交易中剥离，“拟制资本”自成一家。

这样想来，雷曼金融危机的发生可以说是历史的必然。而2013年到2014年间，比特币等假想货币备受瞩目，最终“破产”也可以说是必然的。那么今后也一样会将“本来不产生任何价值的东西”当作资本一样来对待，成为投资对象。但只要剥去画皮，就马上明白“什么价值也没有”，继而崩溃。

因为以有价值的东西（商品）来赚取利润变得很难，那么出现想要通过交易无价值的东西来赚取利润的倾向，在某种意义上讲也是理所当然的。不动产泡沫、股票泡沫、比特币等莫名其妙的东西今后也必定会登场。在经济没有因恶化而重新洗牌，再次变得可以以“商品”来赚钱之前，新的拟制资本会逐次登场吧。

要点：

资本主义经济中，如果难以产生利润，就会向“拟制资本”倾斜。

这种社会变化对个人（劳动者）的影响

经济学之父亚当·斯密曾经说过，正是自由竞争与国民利润相连。所谓“神之看不见的手”。亚当·斯密反驳当时的既得利益层（国家、贵族和地主等）为所欲为地操控经济，主张每个国民以自己的意志进行的自由竞争才是整个国家的利益。

比起没有自由，不合理的社会，自由合理的社会更能为大众服务。在此意义上，我感到当时斯密的主张是正确的。但竞争的阶段在深化，社会进步到新的阶段，自由竞争就产生了新的弊端。这个弊端降临到劳动者也就是几乎全部国民的身上。

自由竞争越进步，世间的好的商品越丰富。自由竞争越进步，商品就越能便宜地入手。自由竞争越进步，工作就越单纯化，不需要复杂的知识。

重劳动被机械化，体力上轻松的工作增加。但，正因如此，劳动者的工资变低了。正因如此，生活变艰难了。正因如此，沦落成单纯的企业的齿轮，难以体会工作的幸福。

让我们重新整理一下，在资本主义成熟的过程中，劳动者陷入了何种立场。

分工使得劳动者变得辛苦

马克思认为，工作现场分工的发展，除了生产率得到提高，还会产生下面 2 点影响。

1. 劳动者的工资下降

如果分工发展，工作变简单，则相应的劳动力的价值下降。因为与此相应的必要的预备知识和预备经验减少了。工资是对应劳动力的价值来支付的。因为复杂的工作劳动力的价值高，工资就高。因为要胜任复杂的工作需要花费时间。必须学习很多东西，进行很多培训。也许这个时间很长，还需要进入学校。

医生和律师的工资高，并不是因为医生和律师做着崇高的工作，而是因为他们的准备时间长。工匠制造的商品价格高，并不仅是因为制造时花费很大的工夫，还因为为了掌握这些技术而花费了大量的时间和成本。

但分工改变了这种状况。

假设分工的进步使我们在全部业务（100）中负责“1”。这样一来，复杂的工作就变得简单，可以简单地被掌握。这个工作所需的必要的知识也会减少很多。如果是单纯的工作，那么接受培训的时间也会缩短。

这样一来，劳动力的价值就会降低。

2. 劳动者变得不能休息

工作被分工后，每个人负责整体的一部分。这就是所谓的“流水作业”。这样一来，就不能只有自己休息。因为必须要在一定时间内完成一定量的工作。一个人休息、缺勤的话，不只是对上司和老板，对劳动者伙伴来说也会带来麻烦。你见过说“因为这个工作只有我自己做”，所以即使身体不好、有重要的私人事务也不能休息的人吧。

为了不使整体工作滞后而进行协调，这本来是企业（经营者）的职责，但却成为每一个劳动者自我管理的状态。

机械化中，劳动者变为单纯的齿轮

机器大工业中，大部分工序由机器完成。因此，也许会认为劳动者的工作减轻了，给劳动者带来了幸福的生活。但实际上适得其反的情况很多。

确实，重劳动由机器来做，人的工作变得轻松。但另一方面，也带来对劳动者的“恶劣影响”。让我们试着思考一下“机械化”带给劳动者的 4 点恶劣影响。

1. 劳动者的工资减少

劳动者的工作减轻，意味着“劳动力的价值”减少，也就是说工资减少。与刚才解释过的分工是一样的。因为即使与以前相比仍然工作相同的时间，如果工作的内容变轻松，那么恢复体力所需的必要的生活手段就减少。

但虽说工作轻松了，工作时间却并没有变短。只是变成机械化，但劳动时间没有缩短。

另外，机械化的渗透，使社会整体的商品生产率提高了。这样一来，商品比以前便宜，与此同时“为了劳动力的再生产而所需的生活手段”也变得便宜。从这一点来看也是劳动力的价值下降了。

2. 老手变得不需要

如果工作机械化，很多工序由机器负责，那么人就可以不做难的工作。也就是说，已经不再需要像工匠一样的老手。

与此同时，假设用很长的时间积累了经验，但这个工作最终被机器取代，那么劳动者就沦落为单纯地控制机器的操作人员。操作人员是不需要熟练的技术的。就会变成与今天才开始工作的新人得到同等待遇。

3. 资本家的立场变强

由于机械化，工作变简单，这使得以前只有老手才能做的工序，学生和打工者等“新人”也能做了。其结果就是可以负责这件工作的人增多，劳动力的供给量增加。这样一来，由于需求和供给的关系，劳动力的价格又下降了。

另外，劳动者多的话，资本家就可以“变强”。其结果就是，劳动者被强制在更恶劣的条件下工作。资本家有可能强制劳动者进行夜班等恶劣条件下的劳动。现场的机械化，可能带来劳动者的劳动条件恶化。

4. 机械化加速

机械化，更加诱发了机械化。工作分工使得新技术的发明更加容易，机器大工业也同样使得新技术的发明变得容易。而且，旧机器使得新机器的发明和新技术的改良变得更加容易。生产率高的东西不断出现，旧的东西马上变得“不能用”，更加使得以旧机器进行工作的人也变得“不能用”。这样一来，这些劳动者们就失业了。

→劳动力的供给量逐渐增加（找工作的人增加）→劳动条件逐渐恶化（资本家的利润增加）→资本家能够在设备、机器上花更多的钱→新技术登场→失去工作的劳动者逐渐增加

这样，（对劳动者来说）陷入恶性循环。

机器大工业乍一看是减轻了劳动者的工作。但并不仅仅如此。它还有使劳动者的环境恶化的性质。19 世纪上半叶，劳动者明白了机械化使他们变得辛苦，并发生了一个象征性的事件。英国的纺织工业区兴起了称为“卢德运动”的机器破坏运动。工业革命、机械化进步的结果，使机器剥夺了工作，感到失业恐惧的手工业者等劳动者开始破坏机器。

近现代也发生了同样的事情。1961 年，美国发表了“过去 5 年”生产自动化对雇佣带来了怎样的影响。钢铁工会的报告中讲到，这期间生产率提高了 121% 的同时，95000 人失业。这正是机器剥夺了工作。

机械化进步，使得生产率提高，但同时必要的劳动者数量减少，失业者增加。机器剥夺了工作。

技术的进步

马克思做出了劳动者终将被机器剥夺工作的预测。这个预测猜中了。很多劳动者失去了工作。此进程在现代也没有改变。但现代不仅是机器，还有“技术”剥夺工作的案例，并更加加速了这个进程。

你知道“摩尔定律”吗？“摩尔定律”是世界最大的半导体制造商英特尔公司的创始人之一戈登·摩尔从自己的经验中提取的理论。“半导体的集成电路密度18~24个月增加一倍”。也就是说，1年半到2年，半导体的性能增加一倍。因为完全是经验法则，所以并没有作为理论确立。

这里希望注意的是技术的飞速进步。所谓“1年半到2年，半导体的性能增加一倍”，并不是说技术以一定的速度进步。

假设今年的性能为“1”，则1.5年后为“2”，3年后为“4”，4.5年后为“8”，6年后为“16”，以加速度前进。这种进步给人类带来很大的影响。

美国的调查显示了一方面蓝领劳动者的数量持续减少，而另一方面制造业部门的劳动生产率飞跃式提高的事实。美国的制造部门的劳动生产率，20 世纪 80 年代初期以年 1% 的程度增长，而随着技术的进步，计算机自动化的推进，20 世纪 90 年代后期达到了年增长 2.5%。正因为技术的进步，迄今为止没有实现过的商品和服务成为可能，人们的生活变得“富裕”。

但这也有“负面”影响。**由于技术的进步，使得技术开始代替人来完成工作，变成了“不需要人”的世界。**而且，机器被导入，劳动者被解雇了。因为机器代替人来做工作了。但此时机器取代的主要是体力劳动。就是说蓝领的工作被机器取代了。

在现代，不仅是机器，技术也开始代替人来工作。听说汽车自动行驶的技术正在被实用化。如果它实用化了，不仅是私人驾驶汽车变得不必要，也许出租车和巴士的司机也会失去工作。另外，技术不仅可以替代体力劳动，也能熟练进行智力劳动。也就是说，它也进入了白领领域。比如，智能手机已经具备了翻译外语的功能。虽然精度还有待提高，但终于可以和人的翻译一样以适当的语言进行翻译了。

出现像真的“翻译魔芋”这样的东西也只是时间问题。

像这样，机器和技术逐渐剥夺了人的工作。机器和技术可以比人更高效、更便宜地生产商品。其结果就是人越来越失去了工作的场所。如果机器能够熟练代替人来工作，那么必要的劳动者的数量就理所当然会减少。但不仅仅是这样，再重复说一次就是，人变得只承担操作机器的工作，只做单纯作业者的劳动。

单纯作业者的工资当然会被控制得很低，甚至被与完全没有经验的新人同等对待。美国的文明批评家杰里米·里夫金所著《大失业时代》中这样说道：“好不容易维持工作的人们，为了补充工资和补贴减少的部分，不得不进行比以前更长时间的劳动”。

马克思分析，资本主义下，利润率有下降的趋势。而如果兴起特别能提高劳动生产率的技术革新，则可以使利润率的下降暂时停止。

一般情况下，提起技术革新的重要性时也会说，经济恶化是因为技术革新不足。但这个想法已经不适用了。环视现代社会，拼命努力研究技术的企业陷入业绩不振的困境。乍一看也许会被认为“还是努力不足”“没有研究出新技术”“构思不足”。但并不是这样。

麻省理工大学经济学教授埃里克·布吕诺尔夫松分析美国的经济，做了如下论述。与经济停滞是因为技术革新步伐放慢的主张相对，“我们认为是步伐太快而人跟不上。换句话说，很多劳动者在与技术的竞争中失败”（《与机器的竞争》）。并非因为没有技术革新而陷入困境，而是因为技术革新速度太快而变得辛苦。正是技术革新使劳动者辛苦。

要点：

由于自由竞争的进步，可以以更低的价格入手更好的商品。工作被分工，机械化进步。因此劳动力的价值下降，工资减少，而资本家的立场却越来越强硬。机械化和技术的进步使很多人被剥夺工作，只负责单纯的操作。

第6章

只有胜出者知道的生存法则

摆脱辛苦的生存方式

像至此讲解的那样，被企业雇佣的劳动者，在结构上，无法变得富裕。因为劳动者领取的工资，只是这个劳动者为了生存下去所需的必要的经费。就像即使得到了上班的交通补贴，也不能变富裕一样，如果只得到为了生存下去所需的必要金额，那么不管到什么时候，持续“捉襟见肘”的生活就是理所当然的。

但企业都是不好的吗？企业必须榨取劳动者来填饱私囊吗？好像也并非如此。马克思生活的时代，也许这样的企业很多。但是，时代正在不断变化。企业面临更加激烈的竞争，商务的风险更高了。

此稿写作中（2014 年 3 月）的时候，宣布了“时隔 6 年再次提高基本工资”。也有人看到企业有对劳动者进行利润分配的情况，但这并不能从结构上解决问题。企业仍处于激烈的竞争中。在饱和状态的消费者面前，必须一直推销新的商品使其购买。今后“生死攸关的跳跃”的风险越来越高。安稳的生意已经不存在。

我们就生活在这样的世界。

这是这个世界残酷的规则。

那么，在前面等待的只有绝望吗？每天只能辛苦忍耐，祈祷工作的企业不要破产吗？并非如此。在此环境中，个人有能做的事情。从这里开始，我们以《资本论》中解明的资本主义的规则为基础，来具体思考一下我们今后应该用什么样的工作方式，为了生存应该采取什么样的对策。

进行“不依存于加薪的工作方法”

工资 = 劳动者为了生存必要的成本。只要这个规则不变，工资就不会大幅提高。因为如果物价上涨，那么生活费就提高，可以想象工资就会因连锁反应而提高。但即使工资提高，商品也涨价了，结果毫无意义。即使表面变化，实质上的收入并没有变化。今后，像曾经的泡沫经济时期一样工资整体上涨，这是难以想象的。或者说这样的事情不会再有了吧。

另外，今后终身雇佣也会崩溃。这样一来，如果长时间工作，收入就随着时间提高，这样的世界也一去不返。今后，我们必须考虑“不依存于加薪的生存方式”。

“不依存于加薪的生存方式”，用一句话来说就是不以“更高的工资”为唯一的目标。赚取更多并不是不好，而是只以金钱为目的不好。

劳动者工资上涨，就是说花费了相应的必要成本。劳动者的工资上涨,并不是因为成果提高了,而是“因为生活费提高了”。或者是“因为压力增加了”。

正如第 2 章讲解过的，“因为压力大，所以这部分工资高”。这样一来，无论赚多少，都不能变富裕。只要工资的决定方式不变，这就不变。这是从马克思生活的时代起就不变的现实。

作为劳动者的我们，应该以“不依存于加薪的生存方式”为目标。而且，应该以“降低自己必要经费的工作方式”取代“加薪”。请回想一下，马克思指出，作为决定工资的“必要经费”被认可的是“社会平均”。也就是说，即使说“我每天不吃最好的牛排第二天就不能工作”也不会被理睬。

但与此相反，即使认为“我不需要这么多”，也会得到社会平均的部分。这是劳动者可以变富裕的生路。

做工作的时候，选择成本比社会平均低的工作。

“一般情况下，如果做这个工作，大概有这么辛苦，所以支付这么多钱。”这样的水平（行情），决定工资的金额。

但如果认为“自己做这个工作的话不那么累，所以不需要那么多疲劳恢复费”“不感到那么大的压力，所以不需要那么多放松心情费”会怎么样呢？因为工资是由社会平均决定，所以即使认为“自己不花费那么多成本”，也能得到社会平均的部分。那么这个差额，就是自己的利润。

这正好与企业产生特别剩余价值的流程一致。商品的价值由社会平均决定。“为了生产这个商品，一般需要花费 50 个小时。因此有‘50 个小时的价值’”。

但实际上为了生产此商品，有花 60 个小时的人，也有花 40 个小时就能完成的人。A 花 60 个小时做出来，也被认为是“50 个小时的价值”。为什么呢，因为这是社会平均。相同的，即使 B 只花费 40 个小时，也会被认为是“50 个小时的价值”。此时，B 得到了“特别剩余价值”。

重点就是：

“比社会平均效率高时”

“比社会平均成本少时”

这部分就完全是赚到的。

而工资（劳动力的价值）也是以同样的思维方式决定的，所以符合同样的理论。也就是说，劳动者个人应该可以得到“特别剩余价值”。企业一直以特别剩余价值为目标，那么个人也应该以此为目标。

具体来说是这样的。原本就锻炼身体的人，即使工作一天，体力也可以马上恢复。其他人必须要去做 1 个小时 6000 日元的按摩才能消除疲劳，而自己没有去的必要。但“社会平均”中按摩是必要的，所以这个费用包含在工资里。自己不去做按摩，所以节省了这6000日元。这部分可以作为“个人版特别剩余价值”得到。

如果原本就是喜欢给人推荐商品的人,那么即使营业一天,也许也不会感到精神疲劳。但是“社会平均”将“营业＝有精神压力的工作”，所以发放每天3000日元的营业补贴作为消除压力费。但自己没有消除压力的必要。因此节省了这3000日元。这可以作为“个人版特别剩余价值”得到。

总而言之，如果选择比起社会一般来自己以“低成本”可以做的工作,就会产生“个人版特别剩余价值”。我将这样产生“个人版特别剩余价值”的思维方法，以“自我内利润”这个词语表达。

增加“自我内利润”的思维方法

自我内利润是与企业的“会计”相同的思路，不是重视**“销售额”，而是重视**“从销售额中减去费用而得的利润”的思维方法。企业应该以“利润”为目标。无论怎样提高销售额，如果花费的成本比赚取的销售额高，那么就会有赤字。

而对于以盈利为目的的企业来说，“赤字＝没有达成目的”。将来能够取得盈利的另当别论，而基本上来说“赤字业务＝不做更好的业务”。这种关于企业收支的思维方式，也应该适用于思考个人“收支”。

个人的目的应该也不是“销售额”，而是从销售额中去除了费用的“利润”。

无论“销售额”如何增加，如果为了赚取这个销售额而花费了很多的“成本”，那么利润就变为负数。企业的会计认为如果利润为负，那么这个业务不做比较好。与此相同，个人如果“利润为负”，则不做更好。

这是怎么回事呢？让我们来说明一下。企业的话，作为目标的利润可以以“收入 - 费用 = 企业的利润”这样的计算式来表达。而个人的话，也可以同样思考。

首先，仅限于与工作相关的情况，个人的话，与企业的“销售额”相当的是“年收入”。而与“费用”相应的，是为了赚取这个年收入花费的身体的、精神的成本，所谓为了继续这项工作所需的必要经费。

而这里，将这个“年收入”和“必要经费”的差叫作“自我内利润”。个人生活中，将与企业的“利润”相当的东西定义为“自我内利润”。

年收入 - 必要经费（身体的 / 时间的劳力和精神的痛苦）= 自我内利润

无论赚取多少，无论在怎样好的职位上，最终不能使得这个“自我内利润”为正数的话，那就无意义。

如果被问到“想要 1000 万日元吗”，大部分人会回答“Yes”吧。但是，如果是“给你 1000 万日元，做 1 年奴隶吧”，都会说“No”的。为什么呢？因为与得到 1000 万日元相对应，“做 1 年奴隶”的成本太高。“自我内利润”为负，所以回答“No”。这个例子中，谁都会考虑“自我内利润”而拒绝。但人并非一直都能意识到“自我内利润”。

有“想赚年收入 1000 万日元”，而从事繁重工作的人。能得到年收入 1000 万日元的工作，是相当繁重的工作。首先无须质疑的是要长时间劳动。而大概也会有压力，精神上会感到紧张吧。为了能继续这个年收入 1000 万日元的工作，必要经费很高。

也许这个“必要经费”要 1000 万日元以上。本书开头介绍的“年收入 1000 万日元的压力”是个好例子。如果是能轻松应对这种繁重工作的超人和女超人的话是没问题的。

但其他的人被问“有个年收入 1000 万日元的工作，你做吗”的时候，大部分人马上就会答应，却不去考虑为了得到 1000 万日元，自己要支付多少成本，只考虑“想要年收入 1000 万日元！”

当然，有目标并向着目标努力是很重要的。但也有为了年收入 1000 万日元的工作而累坏身体，承受极大的精神压力，无法过正常生活的情况。在日本，每年有很多工作辛苦而自杀的人。

工作是为了得到年收入和满足感，而为了继续这个工作所花的成本太大，其结果就是“自我内利润”为负。为工作所累的自杀，就是典型例子。

企业即使有1000万日元的销售额，而为此花费了1500万日元的话，就会因“赤字”而变得“无意义”。个人的工作方法，难道不是也应该认为如果最终成为“赤字”，就是没有意义的吗?

对生存来说，有一个“高”的目标很重要。但这个“高”的目标，对企业来说不应是销售额而是利润。“销售额翻倍了，但因此变成了赤字”，这样是无意义的。只考虑年收入去找工作是不行的。应该将能从这个工作中得到的收入和这个工作所花费的（自己的）必要经费进行比较，寻找能够增加其差额“自我内利润”的工作。

要点：

选择比社会平均低成本或低压力的工作。考虑收入和必要经费的平衡，使得“自我内利润”为正。

劳动者两极分化

至此，我以各种情况说明了“自我内利润”的重要性。但将来，只以“自我内利润”的思路来思考就解决不了问题了。因为今后工资的绝对金额有极端下降的可能性。

今后,劳动者会两极分化为能赚钱的人和不能赚钱的人吧。以“自我内利润”为目标的,只限于有最低限金钱收入的人。如果几乎没有收入,那么从一开始就无法将“自我内利润”为正当作目标。

为何劳动者会两极分化呢?

马克思认为,劳动者的工资会下降到不会活得很好也不至于死掉的最低限的程度。为什么呢?是因为机械化和技术化的进步。如果劳动现场变得机械化和技术化,那么人的劳动就变得单纯,体力不需要了,必要的预备知识也减少了,这样劳动力的价值就绝对下降了。因此,正如到现在为止的这样,以“劳动力的价值”为基准领取工资的人,工资逐渐降低了。

曾经,由于工业革命的影响,机器设备高度化时,很多蓝领失去了工作。那些做着机器可以完成的工作的人们,在与机器的竞争中失败。现在,“作为劳动力的机器”进入各个领域。机器性能变好的结果,就是可以做各种各样的工作,而劳动者则被置身于与机器的竞争中。

正如马克思所想,一旦工作被机械化,使用这个机器可以发明新的机器,机械化的进程将呈加速度发展。此时,做着机器可以完成的工作的人们,通通失去了工作。也许由于机器的导入,必要劳动者减半,半数失业。而今后,人不仅要与机器(硬件）竞争，还要与技术（软件）竞争。这就引起了劳动者的两极分化。

做着可以被技术代替的劳动的人，和生产、控制这项技术的人的两极。被技术使用的一端和使用技术的一端。今后，技术几乎会渗透所有的工作。最初谁都会认为“自己的工作大概没事吧”。也许认为“这个工作需要经验”“对这个职业来说人脉是生命，技术不能创造人脉”“不能实现人的创造力”。

但真的是这样吗？

1997年，国际象棋的世界冠军输给了机器。人的思考力输给了软件。AI技术（人工智能技术）也每天都在进步。如果是简单的对话，那么智能手机的应用程序也能做到。为了创造能够动摇人的感情的宣传语，技术通过收集并解析庞大的数据而在一瞬间导出“正解”的时代也终将到来吧。也许甚至能写出动人的小说。虽有“人能想象出来的，人就一定能实现”这样的话，但实际上是“人能想象出来的，技术就能实现”。

技术就是这样急速进步，且无限进步下去的。

我们劳动者必须考虑的是，成为生产、使用技术的一方，还是被技术使用的一方。

与机器、技术竞争的工作，工资绝对性地下降。另一方面，生产这些机器、技术，进行管理、运营的人的工资没有下降（也许还有提高）。今后，成为被使用的一方，还是使用的一方，这会产生很大的差别吧。如果不知不觉间成为“被技术使用的一方”，你的工资就会无底线地下降。

重复了多次，劳动者的工资是以“劳动力的价值”为基础决定的。而在技术进步的世界，劳动力的价值极端下降。有充分的可能必须要以最低限，也许在最低限以下的收入生存。技术的进步是显著的，速度越来越快。这样一来，不知何时就会陷入“被技术使用的一方”。

为了从中解脱，就要从被雇佣的劳动者中摆脱出来。这是现代劳动者可以从《资本论》中学到的教训。

要点：

技术的进步使得今后劳动者出现两极分化。做着机器可以完成的工作的人将失去工作，所以要成为“使用”技术的一方。也就是说，从被雇佣的劳动者中摆脱出来。

随着时代发展，非正规或自由职业成为主流

根据总务省的《劳动力调查》（2011 年），“非正规雇佣”的比例超过了 35%。这不是美国的数字，这是日本社会的状态。今后这种情况还会持续，而且会加速发展吧。非正规雇佣进步

的理由，可以用马克思的思想进行解释。

原本，为使企业生产的“物品”成为“商品”，必须进行“生死攸关的跳跃”。而挑战这个“生死攸关的跳跃”时的“生存率”，随着资本主义的成熟而下降。随着资本主义的成熟，企业的薄利多销被强化。

而与此同时，劳动者的工资减少，失去购买力。另外，因为世间商品满溢，消费者的欲求已经被满足，想要购买的新的东西减少。企业为了赚取利润必须卖出更多的商品。但世间已经有大量的商品供给。消费者已经没有购买的必要。另外，因为原本购买力就低下，也没有购买的富余。因此卖不出去。

当然，也有能被购买的商品，但概率降低。商业的风险逐渐提高。这个状态持续下去，供给过剩发展到极限就会引起经济危机。但企业并不会坐以待毙。企业开始考虑降低风险。因为商品卖不出去风险就高，所以开始考虑在其他的部分降低风险的策略。

这里首先被考虑的是降低固定费。商业中固定费高的话，破产的风险就大。因为销售额降低的时候就无法支付成本了。而占企业固定费很大比例的是“人工费”。想要减少它的行为是必然出现的。即使要降低人工费，也仍要确保必要的人员。这里理所当然会出现的选项就是“非正规雇佣”。

马克思也指出，随着资本主义的发展，“半雇佣者”这种非正规雇佣会被推广。如果进行非正规雇佣，只要在有工作的时候雇佣，在商品卖出去的时候支付人工费就可以了。因为可以将成本管理与销售联动，所以对企业来说是非常有魅力的制度。

资本主义经济发展成熟，“生死攸关的跳跃”的风险越来越高就成为必然。想要控制风险也是企业理所当然的想法。也就是说，非正规雇佣是随着资本主义的发展出现的理所当然的形态。

自由职业者增加也有同样的理由。自由职业者增加，是因为在劳动者一方“想自由工作的人增加”这个理由之前，企业有“内部不持有这样的人才,而将工作外发给外部的自由工作者”这样的想法。如果企业不想雇佣自由职业者，那么从一开始这个劳动形态本身就不能渗入。

今后，不是以正式员工，而是以非正规雇佣或自由职业者来保障劳动力的企业会增多。这是理所当然的潮流。

“成果工资”对企业来说合算

至此，解释了“工资 = 为了劳动者明天还能工作所需的成本”。但实际上马克思还提到了“成果制的薪金”。这个“成果制的薪金”是什么呢？这与现代的意思相同，是“制作 1 个商品支付 1 个的工资，制作 10 个商品支付 10 个的工资”的工资形态。马克思认为这两种薪金形态本质相同。但成果制薪金还对劳动者要求了成果物的质量，在这一点上来说，是对资本家更有利的制度。

也就是说是这样的。“工资 = 劳动者的生活费”的情况下，是不问这个劳动者的能力和劳动的质量的。但在成果制的情况下，**如果没有成果物就不支付工资**。就是说，对做工作半途而废的人可以不支付工资。另外这使得劳动者要自己克服能力不足、技术不足的问题。完全是以“结果”来支付工资的。也就是说，这个“成果制”只是将原本单纯以劳动时间来决定的工资，变为以平均到“每个商品的工资”来决定。

比如，假设原本“1 天工作 8 小时，日薪 8000 日元”。而劳动者平均每天生产 4 个商品。此时，以成果制工资来考量的话，每个商品就是 2000 日元。“那么做出 1 个就给 2000 日元”，这就是成果制。

虽然变成按照“每个”来发工资，但作为其前提的工资计算方法和思维方式没有改变。在此基础上，如果不能做出平均成果，一天只能生产 2 个的话，“那么工资就只有 4000 日元”，工资就会减少。

如果主动进行长时间劳动，做出平均以上的成果，这部分工资就会增加。但平均 1 个商品的“榨取幅度”是不变的。为了得到 2 倍工资，必须进行 2 倍时间的劳动。在这个意义上讲，这是对资本家有利的。马克思认为这种成果制是“更加强化了资本家榨取的方式”。

现在，在一部分企业采用的“实力主义”“成果主义”中也可以看到相同要素。比如，有“按照实力，20 岁年收入 3000 万日元不是梦！”的营业企业。我想作为制度这当然是事实。

但另一方面，基本工资被控制在低的可怕的程度。也就是说，“没有实力，不能销售出产品的人会沦落到最低水平的工资”。这个方法降低了企业的风险，使经营变得容易，所以今后这种工资形态得到推广的可能性很大。这对劳动者来说是非常可怕的事情。因为这是对企业有利的评价形式。

工资的单价（时薪或日薪）是以劳动力的价值来计算的。劳动者能够生存一天的金钱成为“日薪”，以此为基础来决定时薪或“销售一个商品多少钱”这样的单价。这里不考虑这个人才的实力。不考虑实力，而决定时薪或成果工资等的“单价”。

而另一方面，在成果上是考虑实力的，没有能力的人工资就减少。或者，为了得出平均水平的成果进行长时间劳动，这实际上是被暗中强制要求延长劳动时间的。也就是说，一方面工资的单价以“劳动力的价值”决定，而另一方面劳动者也被要求做出企业所希望的“使用价值”。

所谓实力主义、成果主义，就是“越努力回报越大的制度”。但实际上是使劳动者承担更多风险的制度。

这个制度的可怕之处在于，企业所希望的成果有可能肆意变化。简单来说，定额基准有变化的可能性。

昨天还是“一天生产 8 个就 OK”，而突然变成“大家都习惯了吧，所以今天定额变为 10 个。如果做出 10 个，就支付一天的工资”。对企业来说如果不能发挥使用价值，原来的劳动者就不再被雇佣。为企业带来利润是不可或缺的。但只要掌握这个定额（被期待的使用价值）基准的是企业，无论到何时劳动者的立场也不会变强。

如果陷入这个制度中，劳动者就越来越难以出售自己的时间，立场变得越来越弱。在此之前，自己必须有所对策。

与马克思的分析相反，今后会发生“资本的分散”

另外，非正规雇佣或自由职业这种工作方式的渗透，还有一个理由。这就是与《资本论》完全相反的潮流。

马克思在《资本论》中讲到，“随着资本主义的发展，资本变得集中”。也就是说，认为通过不断合并，全部行业都会产生巨大企业。企业想要努力提高生产率。但一个人能做的事情是有限的。为了提高生产率，必须导入更高程度的机器设备。但个体的资金力量无法导入这样性能优越的机器，此时就会进行合并，进行资本的集中。这样就可以提高生产率，而且合并了的 A 公司和 B 公司可以减少重复的业务。在此意义上来说，业务被效率化了。

马克思认为，企业为了生存下去反复进行合并，最终会诞生巨大企业。确实，到 10 年前为止，银行合并，零售店合并。巨大化而赚取着利润。但今后，合并不能增加利润，甚至会增加固定费，提高风险。

我想在生死攸关的跳跃风险提高的情况下，庞大的母体对经营来说难道不是有负面作用的吗？马克思的主张捕捉到了资本主义的本质。但马克思假设的一部分前提正在崩塌。“为了进一步提高生产率，需要更多资本（金钱）的这个前提”开始崩塌。

在现代，个人的力量也可以应对相应的技术。当然，也有汽车、飞机、建筑、医药品开发等需要巨大资本的领域。但作为个人，自己在一间房间里制造商品，这也是可能的。戴尔电脑的创业是在车库里。脸书是由一个学生开创的。乐天最初也是只有 5 个人的公司。

个人稍作努力拿出的资金，也可以购买到制造技术。如果3D打印被实用化，那么个人的集团和持有巨大资本的制造商比肩而行也有了现实意义。即使是小资本也没有问题。也许小资本在灵活运用的机动力上更为活跃。

为了提高利润率而大企业化这一潮流，已经不适合了。相反，追求效率的精简化成为今后的潮流。

需要不依存于企业的“自由职业或自由意识”的世界

如果资本主义成熟，商品卖不掉的风险就高。为了降低这个风险，企业会寻求各种对策。作为其中一环，减少固定费的行为是必然的。

今后数十年，正式员工或终身雇佣这样的雇佣形态会变少。我想借用马克思的说法，几乎所有的人都会成为“半雇佣者”，成为“阶段雇佣”“非正规雇佣”。而以半强制的方式，被“自由职业”“个人事业主”这样的劳动形态所形成的潮流追赶。

说起非正规雇佣，也许会想到被企业虐待的工厂生产线上的劳动者，但今后会有所改变。办公室职员的每个项目、每个工作案件都会改变，或者在数年间，成为整个工作都会改变的社会。这样一来，劳动者必须对此做出准备。

准备什么，怎么准备呢？为何必须准备呢？所谓以自由职业或自由意识工作，按照字面意思，就是“打算以自由职业来工作”。也就是从工薪阶层的评价体制中摆脱出来。

而回顾马克思讲过的商品的原则，劳动力是被作为“商品”来看待的。将自己的劳动力作为商品看待，重新审视价值和使用价值。劳动者工资的决定，与劳动者做出的成果（几乎）无关。而与此同时，劳动者即使只做到一半的成果，工资也不会减半（完全是按照一般理论）。

制造什么样的商品由企业决定，劳动者根据这个决定来行动。劳动者的工作是熟练进行被决定好的业务，而不应该被要求全面承担商品卖不出去时的责任。无论如何努力地制造商品，如果完全卖不出去，企业就会有损失。但直接对此负责的，是企业而不是劳动者（因为有损失而解雇劳动者，这种事情是有的。但不会说“你们制造的商品卖不出去，所以请弥补这个赤字”）。

从作为使用人的劳动者中解脱出来，也就是从作为劳动者而被保护的场所中摆脱出来。以自由职业或自由意识来工作，实际上不只是成为自由职业者，而是**“不以劳动力的价值，而是劳动力的使用价值来接受评价，并持有这种思想觉悟”**。也就是说，如果不做出成果，就必须承担相应的责任，就不能说“我将分配来的业务做了，那么即使没有利润也与我无关”了。

工薪阶层是以劳动力的价值来取得工资的。也就是说，与得出多少成果，对企业有多少贡献无关。如果是正式员工的话，在进入公司面试时一旦被认可，之后即使没有成果也可以继续得到工资。

如果放任这种情况，完全不做工作（取得成果的工作）的人将会多么的多啊。劳动力也是商品，本来，如果没有“使用价值”，商品就不会被购买。但当今日本，不发挥使用价值也可以在公司混日子。

劳动者作为正式员工工作，只有在求职面试时会被问及一次劳动力的使用价值。每天都在出售劳动力，但“生死攸关的跳跃”只有一次，因为这是以终身雇佣为前提的正式员工。

今后不再是“正式员工”“终身雇佣”的时代了。不再是“一旦被雇佣就安逸了”的时代，我们时常会直面“失业”，且必须经常应聘新的工作。每次换工作，在求职面试中都要推销自己的劳动力。而如果使用价值得到企业认可就被录用，如不认可则不被录用。即使紧紧抓住企业，这个企业本身也会逐渐沉没。另外，不管愿不愿意，雇佣的流动化都在发展。即使自己希望被终身雇佣，也已经很难了。

那么作为劳动者的我们所必须要做的，就是在失去现在的职场时，能够马上找到下一个工作。不（过度）依存于现在的企业，而以自己的能力奔走于社会。总而言之，应该以劳动力的“使用价值”进行评价，基于使用价值获取工资。

那么，为此所需的是什么呢？答案也写在《资本论》中。让我们在下一章中详细论述。

要点：

企业为了降低固定费进行精简化，增加“非正规雇佣”“成果制”。劳动者要重新审视自己的劳动力，持有以“使用价值”奔走于社会的觉悟。

第 7 章

追求卓越，努力生存于社会的 3 个方法

《资本论》对劳动者被榨取、虐待的状况进行了分析。之前解释了资本主义经济为了生存而“对劳动者进行榨取、虐待的理由”，那么反向而行就可以了。从这个观点解读《资本论》，大致可以导出如下 3 点对策。

①保有变化耐受性

②能力泛用化

③创造 USP

那么让我们一个一个来详细看一下。

1. 保有变化耐受性

马克思讲到，资本主义发展，机器大工业渗透，则“整体发展的个人”登场。用现在的话来说就是“通才”。随着生产技术的进步，作业工序、作业内容逐渐变化，人作为劳动者必须进行对应，必须做各种各样的事情。

另外，生产技术被改良，出现不需要劳动者的产业，失去工作的人必须向新的产业“转行”。劳动者为了生存必须在新行业工作。必须成为“整体发展的个人（通才）”。结果，即使可以“整体发展”，对劳动者来说，这个过程也伴随苦痛。总而言之，这是一个“被解雇→再挑战”的过程。

就像马克思表达的，也许失去“所有平稳、坚固及安全”

的人很多，但踏上这个痛苦的征程，结果便可得到“整体发展的个人”。

现代，是无须多言的高度发展的“机器大工业”经济。但是否全员都在经历马克思所指的这个痛苦的过程呢？并非如此。确实，现代也有调动，也在培养“通才”。但即使这样，也是在公司组织的范围内。正式员工主要是在公司内部调动的吧。在这个意义上讲，这与马克思所说的“整体发展的个人”是不同的。

成为正式员工的话，职场环境和工作内容、工作对手是不太变化的。但有进行调动、经营的商品变化、进行换岗、工作地点变化的情况。但不太有必须突然进入完全是门外汉的领域的情况。在这个意义上，也许可以说现代的劳动者不适应变化。而如果不适应变化，就会害怕变化。

对于一直没有改变过环境，一直对相同的对手，在相同的场所，进行相同工作的人来说，可能感到改变工作就像是重塑人生一样，完全是抱着破釜沉舟的心情。其结果就是对转职有过度的恐惧而紧紧抓住现在的企业。这无疑使得劳动者感到束缚。

虽然这样说，但“去习惯转职”这也是本末倒置的。因为工作并不是为了转职。这样的人，必须在日常生活中经历变化，持有“变化耐受性”。害怕找工作是因为不适应变化，恐惧变化。

持有对变化的耐受性是非常重要的。但“变化”并不是改变通勤路径，去平常不去的餐厅，改变一直使用的圆珠笔这些事情，是**试着做一些不喜欢做、能感受到压力的事情。**

害怕转职，是因为认为自己的劳动力卖不出去。也就是说，是对“自己的使用价值”能否被认可的不安。但如果不一边感受这种不安，一边进行“生死攸关的跳跃”，最终就不能成为商品，就不能被他人认可、购买。因此，有必要每天进行这种“生死攸关的跳跃”的练习。不是每天都要经历如此大的考验，但必须经常经历并且适应小的“跳跃”。

比如，试着去进行新客户开拓的营业，在不认识的街道一个人做志愿者，周末参加一个收费的学习会等。无论什么工作，适应了就会变成“温水”。不去寻找新的工作，是因为浸润在这种“温水”的安逸中。从温水中摆脱出来，会一点点感到小小的压力。

要点：

时常经历小的压力。

黑心企业的存在是因为劳动者的依存

随着资本主义经济的发展，劳动者的工资下降，同时企业的利润率和商业成功率也下降。这其中，被逼到困境的企业无论如何都想赚取剩余价值。这也许就会想要增加“绝对的剩余价值”而极端延长劳动时间。也许会给予过度的压力，想要强行提高劳动生产率。也许想要不支付劳动力的价值，减少加班费和基本工资。

也就是说，有充分理由认为，企业为了生存下去，黑化了。

当然，并不是所有企业都会变“黑”。但不能认为企业的商业环境能够得到飞跃的或稳定的改善。虽有程度之差，但作为资本主义的宿命，从企业而来的压力在增强。

今后的世界，“不依存于企业的工作方式”是必要的。用一句话来说，必须从被使用的劳动者一方中摆脱出来。虽然这样说，并不是全员都能变成资本家，不是必须独立成为“社长”，而是必须以刚才解释过的“自由职业或自由意识”来进行工作。

实际上即使在企业工作，也不该是“使用人”，而是作为“承办这项工作的人”来进行工作。不是隶属于企业，而是以自由职业的立场被安排工作，像这样来把握自己进行行动。这与马克思所说的“团结起来”这一解决方案是不同的。但这是将马克思所洞察到的，与现代社会契合而思考出的选项。

是怎么一回事呢？让我们来解释一下。

为了不陷入黑心企业

最近，在各个地方听到“黑心企业”这个词语。强迫劳动者进行严苛的劳动，不支付加班费，逼迫进行困难的定额任务等。用马克思的表达来说，这正是“榨取”。思考今后劳动者的工作方式，避开这种黑心企业成为非常大的课题。报纸杂志中，刊载了为了不被黑心企业欺骗，为了区分黑心企业等各种各样的建议。

但在此之前，让我们先试着思考一下，对于黑心企业 = 榨取的这一结构，马克思是如何思考的。为何会被榨取，也就是说，为何会陷入黑心企业，从中不能摆脱的劳动者是否很多。

首先，让我们先冷静地对“黑心企业”进行定义。根据“知惠藏”（朝日新闻社提供的现代用语事典）的定义：

> 对劳动者进行任意驱使或选择，使用完就抛弃的企业。过度地进行长时间劳动或设置定额，只任用能够忍受的人，对落伍者进行与业务无关的研修和职权骚扰、性骚扰等肉体或精神的逼迫，战略性地使其陷入“自主退职”。

这就是“黑心企业”。

所谓黑心企业，并不是从劳动者处剥夺利润的企业。原本企业的利润，就是劳动者工资以外赚取的部分。企业不使得劳动者进行工资以外的工作，就无法产生利润。从这个意义上来说，原本所有的企业也都是“黑心企业”。

但把这叫作“黑心企业”的话，就无法供养生产部门以外的部门（比如财务、人事、配送）的人员。以劳动者在自己工资以外赚取的附加价值为基础，企业维持着各种各样的部门。因此，“榨取”并不是完全按照资本家的欲望进行的，认为自己产生的价值自己可以全部取得，这作为在组织中工作的劳动者来说是不正确的。

结合“知惠藏”的定义思考，感觉黑心企业的出发点有“过度地长时间劳动或设置定额”的性质。虽然有之后的“战略性地使其陷入自主退职”这一令人生厌的行为，但原本的任意驱使劳动才是问题所在。

即使对不能胜任通常的业务，或者旷工的人员劝其退职，这不能叫作“黑心企业”。过度驱使劳动者的才是黑心企业。而在马克思的分析中，这与“相对的过剩人口”密切相关。但我的想法稍有不同，我感觉马克思所说的“劳动者的‘二重自由’”这一性质才是最初的原因。

所谓相对的过剩人口，简单来说，就是想做这项工作的人很多。就是“应聘者或求职者”很多。如果应聘者或求职者很多，那么企业就可以“因为能取代你的人到处都是”而强势起来，会说“如果不喜欢，那么辞职好吧？”

马克思进行了这样的分析。由于劳动现场的机械化，使得工作内容变简单，连力量弱小的女性或孩子都可以做到。其结果就是“求职者”增加，劳动条件恶化。但出现“黑心企业”的本质并不在此。企业对劳动者可以高压对待，并不是“因为有替代者”，而是“因为这个劳动者无法辞职”。

劳动者即使辛苦也不能辞职，就必须服从企业。企业知道这一点，所以可以对劳动者施加高压。虽说“替代者到处都有”，但如果大家都说“如果是这样的条件我就辞职”，企业就无法继续下去。所谓“求职者”到处都有，是企业单纯的威胁语句，本质上“现在的员工不能辞职”才是重点。这样想来，黑心企业的解决对策，可以说也在劳动者一方。

马克思用“二重自由”这个词语来表达劳动者为了成为劳动者的条件。

这是稍微复杂的表达。就是说如果满足了这个“二重自由”的条件，这个人就可以作为劳动者生存下去。“二重自由”这个词语也很难理解吧。马克思所说的“自由”，不是“自由女神”什么的“自由”，是“没有什么”的意思。英语中，将“没有什么”叫作“be free from ○○”。是这个意义上的“free”。总而言之，是“两个东西 free”，“① ××、②△△没有”的意思。

那么，就是没有什么和什么的话，人作为劳动者就可以生存下去了吧？一个，是“身份的束缚”。在像奴隶制度一样存在“主人”的情况下，这个人是不能成为在工厂上班的劳动者的。而另一个是，“生产资料”。没有生产资料，自己不能生产商品的话，人就成为劳动者。

而黑心企业榨取劳动者，就是因为他没有生产资料。用现代风格的语言解释就是，**因为没有其他赚钱的手段，所以此人成为劳动者，因为没有其他赚钱的手段，所以隶属于企业，被榨取到极限。**

如果劳动者持有“其他赚钱的手段”呢？即使企业想要以高压态度榨取，劳动者也会说“那么我自己辞职吧”而离开。如果劳动者都是这种状态，黑心企业就无法实现。榨取劳动者的黑心企业多被认为是经营者或风气的责任。但企业出现这样的态度，难道不是因为劳动者对企业的过度依存吗？

并不是说黑心企业的“责任”在劳动者。而是说劳动者可以采取对策进行规避。劳动者与中世纪的奴隶不同，可以根据自己的选择来改变职场。但“只能在这个企业工作的劳动者”，无论如何被虐待，都无法辞职。这使得企业的榨取成为可能。也就是说，劳动者依存于企业的构造，使得黑心企业存在。

像“皇帝”一样统治黑心企业的经营者，并不是天生就是“皇帝”的。正因为有依存于皇帝的“奴隶”，使得这个权力越来越强大，越来越虐待奴隶。无论被提出多么恶劣的条件，无论要忍受什么样的职权骚扰，（认为）除了留在这个公司别无他法的人，就不得不以此条件进行工作。对公司的依存度越高，企业越容易变成黑色。

“只能在这个企业工作的劳动者”有 2 种。一种是“害怕而不能移动的人”，另一种是“实际上没有去其他地方工作的能力的人”。精神上感到害怕变换职场、寻找新工作的人很多。在日本，虽说转职市场完备，但没有转职经验的商务人士仍然很多。对没有做过的事情心存不安也是正常的。

但是，不能就以“所以也没有办法啊”而告终。大家都对寻找新的工作感到恐惧，就会被现在的企业“牢牢抓住”。就算有什么情况，也不得不遵从企业的命令。

以前，听说过这样的事情。“如果结婚，换岗。如果买房子，换岗。”这是说“结婚了，就不能承担风险了，也就是说不能换工作了，那么做出换岗的命令也没关系吧？买了房子有了房贷，也是这样吧？”

虽不知企业要做到何种地步，但现在结婚了新婚旅行一回来就被命令换岗的，买了房子马上就被换岗到分公司的人十分常见。我想榨取和黑心企业也在此延长线上。为了从这种结构中摆脱出来，首先要从精神上自立，且必须对“寻找新工作”不感恐惧。

我至今先后就职于富士胶卷、CyberAgent, Inc.、Recruit Holdings Co.,Ltd.，之后独立进行商业活动。包括“独立”的话，转职了 3 次。我想我是适应了转职的，但即使这样，如果明天被要求寻找新的工作，我仍然会有些紧张。但只是“稍有些紧张”的程度。

如果一次都没有转职过的话，那么被要求“这个工作到今天为止。明天起请找别的工作吧”的瞬间，就会眼前一黑，产生无法言表的恐惧吧。即使有一找工作马上就能成功的实力，因为没有做过，也会感到极度不安。这样一来，就会依存于企业。

要点：

请持有其他赚钱的手段，以自由职业或自由意识做到无论何时都可以工作。

2. 能力泛用化

从《资本论》中读到的第二个对策，是有无论到何处都可以使用的技术。有的人不是精神上的问题，而有“实际上不能够做其他工作的人”。这并不是说能力低下，是“完全没有办法”的意思。

在 A 公司工作的人，掌握了 A 公司需要的能力。但这也许并不一定是在 B 公司能使用的能力。即使有的在相同行业的竞争公司中可以使用，也有在其他行业中完全无法运用的技术和知识。

如果自己的能力只能在这个公司使用，那么就不能去其他地方，只能依存于这个企业。为了在这个公司中得到好的评价，就必须要理解这个公司的业务，了解这个企业的氛围。如果不能深深地融入这个公司，那么想得到高的评价就很难吧。

但另一方面，如果深深地融入这个公司，就会掌握很多“只在这个公司使用的知识、技术”。这确实成为大家的武器，是在这个公司中生存的资本。但如果这些知识不能在别处使用，那么大家就陷入了一步都不能离开的状态。如果有舍弃至今为止的经验，怀着与新员工一样的心情再从零开始的觉悟的话，是可以的。

但年龄越长，有这样的觉悟越难。在这个公司拼命工作，这是很重要的。但如果储备了只能在这个公司使用的资本，反而成为持有“在其他地方全都不能用的东西”，结果就是使自己动弹不得。

自问工作的意义

我认为，实际上几乎没有“在其他地方全都不能用的东西”。

我自己一直是这么认为的。随着经济的高度发展，我们从事的商业活动变得巨大化。而另一方面，我们从事的工作却进行着分工，被细分化，化为大的事业中一个小小的齿轮。

在这里，发生了马克思所说的“异化”。用现在的语言来说，也许“异化”被理解为“伙伴之外”。但马克思所说的“异化”是另一个意思。简单来说就是“成为疏远的东西、没有关系的东西”。

本来，我们的工作应该是为了使消费者高兴，为了对谁有用处而进行的。以前，在人们自给自足生活的时候，可以切实感受到自己的“劳动”是为了什么，有何意义，有何用处。但资本主义发展，工作被细分化，成为单调操作的重复，就感到工作是“疏远的东西”，然后失去想做的心情。

不明白自己的工作有何用处，自己到底是在做什么工作。这样一来，工作逐渐变得无聊，同时连自己持有什么样的能力，也变得不清楚了。对其置之不理，我们就迷失了工作的意义和自己的能力。

“虽然在汽车制造厂工作，但自己的工作只是其中超小的一部分。不知道实际上对什么有用。”

“虽然是营业员，但只是听听顾客的意见，不知道实际上掌握了什么的技术。”

“虽然在广告代理店工作，但只是做上司要求的资料……”

不明白自己的劳动对业务有何用处，有何意义。我们必须做的，就是从这种“异化”中摆脱出来。为此，需要自我质疑。

在现代，为了追求效率化，分工发展了。要改变这个潮流，使得一个人负责全部工序，这是不可能的。我们继续承担着被细分化的业务。这里我们能做的，就是**拼命探寻这个被细分化的工作有何用处，自己使用什么技术能做什么工作。**这是抵挡“异化”的唯一方法。

将自己的工作分为两种去思考

对自问工作的意义有帮助的，是抽象化。思考的不是每天进行的工作的具体内容，而是退一步来看，抽象的思考。

马克思以两种思维方法区分劳动。就是说有两种捕捉人类劳动的方法。这两个是“具体的有用劳动”和“抽象的人类劳动”。“具体的有用劳动”是指“具体的工作、操作、动作”。

人类工作时，都会做一些具体的动作。比如制作鞋子的劳动、制作面包的劳动、制作玩偶的劳动等。商品不同，形状和功能各异。这是因为制作时，具体的动作、操作内容不同。而因为具体的动作、作业内容不同，这个商品持有的使用价值就变化。

也就是说，人类在劳动时，有形成具体商品这个意义，这就是创造使用价值。这个具体的动作叫作“具体的有用劳动”。

另一方面，劳动还有“抽象的人类劳动”这一侧面。与刚才的“具体的人类劳动”相对，在“单纯使用能量”这一意义上的劳动叫作“抽象的人类劳动”。人类劳动，不管怎样，都是指这个人花费劳力。在《资本论》的立场上，“花费劳力（人手）= 有‘价值’”。

无论什么工作，如果具体考虑，都是在进行不同的操作。但如果抽象的思考,则在“给予商品价值”这个意义上,是共通的。在这个意义上来说，没有任何意义的劳动是不存在的。

同样地，可以将自己的工作从具体的操作内容剥离开来，扩大视野抽象地去捕捉。比如，作为具体的操作内容，即使是“送 DM 的操作”，如果扩大视野来看就成为“构筑与客户关系的行为”。具体的“路径营业”，如果扩大视野来看也许就成为“增加这一地区潜在客户的行为”。具体的“制作资料”，如果扩大视野来看也许就是“对有什么样的要素就可判断顾客会购买的这一情况，反复试验进行寻找的行为”。

与马克思一样，试着对劳动进行分解捕捉，难道不是就有新的发现吗？大部分的商务活动，本质相同。追根究底，都会得出相同结论。比如，我在出版行业工作。有一次，我对一个市场营销的专家讲了我在写书时认为重要的事情。而他说，完全相同的事情在市场营销中也很重要。商品企划的专家也说，“畅销书与畅销商品的要素相同”。

也就是说，自己掌握的能力，追根究底与其他行业的要素相同。也就是说，是其他行业也可以使用的技术、知识。当然，因为是表面上看起来不同的工作，感觉乍一看是不一样的。但真的是相同的东西，在其他行业也可以使用的东西。

我们必须思考，自己通过工作掌握的能力、知识、技术，怎样才能与其他行业相通，怎样才能应用。这样，大家就可以持有其他的选项了。

要点：

将自己的工作与眼前的操作内容剥离开来，思考它有什么作用，转换为在其他行业也可以应用的技术。

3. 掌握 USP

随着社会的成熟，劳动者的工资降低。随着资本主义的成熟，企业的经营状态恶化，劳动者也变得困苦。为了从这当中摆脱出来，必须从“被雇佣的人”中摆脱出来。这就是写到现在所传达的持有“自由职业或自由意识”。

但是，虽然说着“从使用人当中摆脱出来，持有自由职业或自由意识去工作”，也必须有实现它的力量。那么实际上，为了能够持有“自由职业或自由意识”去工作，什么是必要的呢？

从《资本论》中解读到的第3个对策，是“高价卖出自己的劳动力”，而降低“生死攸关的跳跃风险”。这里所需的是“USP”。

如果有USP，就可以维持价格

市场营销领域，有“USP”这一词语。这是取“Unique Sales Proposition”的首字母所得的词语，简单地说就是“独特的卖点”。也就是说，是其他商品所没有的，只有这个商品有的优势。

在这个USP中，有各种各样的意义。如果有USP，就无须进行营销，如果有USP，就会备受瞩目，如果有USP，就会成为“第一人”，等等。但，我思考的USP的“作用”，是可以高价卖出。如果有USP，就不会成为日常用品，商品可以高价卖出。

如果有自己商品独有的魅力，那么消费者就会选择。如果有只有自己的商品能做到的地方，就会被购买。不成为“日常用品”，就可以得到相称的好评。在商品满溢的现代，找到这个USP是市场营销的课题，也被认为是最优先事项之一。

创造此 USP 的要素，可以总结为如下 3 点。

①有为顾客提供的好处

②没有竞争对手（相当少）

③难以模仿

首先，“有为顾客提供的好处”是必要的。如果最初不是能为顾客提供好处的东西，就不能“出卖”，一开始就不能成为商品。另外，竞争对手少比多更好，这也能够说服你吧？

但是，这里希望注意的是“难以模仿”这一点。无论有多么好的“销售”，如果马上就能被别人“模仿”的话，就不能成为“独特的东西”。仅仅是别人认为“啊！这个真好啊！”是不行的，现在不仅要“独特（独一无二）”，而不能简单被模仿也是很重要的。

关注“现在，独特的东西”的人很多。但比起这来，必须更多地考虑将来不能被其他的人复制。那么，为了将来不被模仿，什么是必要的呢？是专利吗？是出类拔萃的天赋吗？是预见性吗？

确实，如果能有专利保护，技术和想法可以不被模仿，但可以制作相似的东西。苹果公司以专利严格保护着 iPhone 的技术。但竞争对手仍然做出了相似的智能手机。迪斯尼乐园只有迪斯尼公司能做。但其他的企业也在做以电影角色为主题的乐园（能不能与迪斯尼乐园有相同的人气则另当别论）。专利并不是能保护所有。

那么，为了持有USP所必要的是出类拔萃的天赋和能力吗？如果比别人做得更好，就成为“独特的卖点”。比如运动方面，跑得快的人有“独特的卖点”。无论是棒球、足球还是田径，如果跑得快就会有更多被认可的机会，成为正式选手的机会就多吧。

“我的强项，是跑得快”。这样想来，会感到如果有出类拔萃的天赋，就持有USP。但是，这个卖点在出现比你跑得快的人的一瞬间就不再是“卖点”了。变得无意义。

看奥运会或世界田径锦标赛的“100米”比赛就很容易明白吧。被认可跑得快的，只有第一名。2014年春，世界上跑得最快的选手是尤塞恩·博尔特。但遗憾的是，博尔特总会迎来输掉比赛的一天。因为随着年龄增长，体力在衰退。假设博尔特成为第二名的时候，他的“卖点”就消失了。当然，即使是世界第二，也是很了不起的。但如果只以这种眼光和能力来分胜负的话，出现更胜一筹的人时，就会在一瞬间崩溃。

那么，为了持有USP所必要的，是预见性吗？如果能够做出“明年会有这样的需求”“这样的商品会受欢迎”的判断，就可以及早向市场提供商品，构筑USP。这样认为的人也许很多。

确实，因为最初只有你的商品，所以可以发挥USP。但是，这个商品越有魅力，就越会马上出现相似的商品。梦宝谷（DeNA）开创出智能手机游戏市场后，GREE马上参与进来。

其后，很多企业在提供着同种游戏。从单纯模仿的游戏，到具有独创性的游戏，各种各样都有。

这里需要注意的是，比其他公司率先进入市场的梦宝谷，很快就不再“独特”。从后发制人的智龙迷城的大热也可看出，梦宝谷丧失了其独特性。梦宝谷、GREE 必须与其他竞争企业进行激烈竞争。虽然好不容易开创了自己的市场,却变得不再“独特”。这些“专利”“先天的能力或技术”“预见性”是不充分的。即使可以短期构筑 USP，也会很快被翻盘，不能持久。

应该必须创造不被模仿、不被翻盘的 USP。那么怎么做才可以创造出这样不被模仿的 USP 呢？为此，什么又是必要的呢？

创造 USP 的要点是“价值”

为了不被模仿所需的，是马克思所说的“价值”，商品的价值。

商品的价值，表示花费了多少工夫。也就是说，所谓“价值大”，就是“花费了很多工夫，辛苦制作而来，为了制作它花费了很多时间或成本”的意思。但是，即使花费了很多工夫，即使辛苦制作而来，即使为了制作它花费了很多时间或成本，这原本也是无意义的，因为这与顾客无关。因为顾客认为“我与你是不是辛苦没关系”。

如果是熟人也许会说“真辛苦啊”表达同情。但对不认识的人，即使说“这个是很辛苦制作的，请买一个吧”，别人也不会购买。在这个意义上来说，“商品的价值”不是购买的理由。因此，大部分的商品考虑的是“使用价值（对顾客提供好处）”。

但与此同时，过于注重“使用价值”就会忽视“价值”。不能忘记，“价值”小的东西，别人就可以简单模仿。为了制作这个商品，没怎么花费劳力，没怎么花费成本，没什么知识和经验也可以，那么这样的商品就会被轻易模仿，竞争对手迅速增加，立刻成为日常用品。

比如，曾经有一种叫作“白色腕带”的橡胶制腕带型手镯很流行。明星也曾经参与宣传，掀起的热潮至今令人记忆犹新。这个白色腕带，原本不是手镯，而是作为公益或援助活动的象征戴在手腕上的标志，是作为活动的一环来销售的。因此，并没有想要持续销售。但这种戴在手腕上的橡胶制腕带本身可以很简单地制造出来，所以相似品层出不穷。因为可以简单地制造出来，所以作为商品就会被模仿。

假设，想让这个白色腕带继续成为长久销售的商品的话，该怎么做呢？赌上公司的命运，找明星做广告，花费大额广告费展开促销吗？即使开发了热销商品，也会马上被“模仿品”

夺取成果，不能被大家长久认可。

就像第 4 章中介绍的，马克思认为，随着经济成熟，商品的价格会下降。这是因为谁都以特别剩余价值为目标，导致高效率的生产方式得到普及，而使得商品的“价值”下降。如果需求和供给得到平衡，价格就由价值决定。因此，大家可以同样生产出的东西，价值下降，随之价格也下降。为了防止发生这种情况，就要使“价值”不下降。

商品不仅需要有使他人认可的“使用价值”，还需要“别人不能模仿的积累”。这就是创造 USP，创造出以正当价格长久销售的状态。

而劳动力也是同样的情况。劳动力也是商品。与商品相同，也需要 USP。如果自己的劳动力有 USP，那么就可以以正当的价格长久出售。创造劳动力的 USP，也与商品的 USP 相同。可以总结为以下要点。

· 有向顾客提供的好处→做对人有用的事
· 没有竞争对手（相当少）→没有其他正在提供的人，相当少
· 难以模仿→为了进行此项劳动需要庞大的必要的知识和经验

这里，难以模仿是“劳动力的价值”的要点。劳动力的价

值,是由这个劳动者明天也可以工作所需的必要的成本决定的。而这里，不仅是单纯的生活手段的费用，也要算上为了得到从事这项工作所需的必要的经验、知识而花费的时间和成本。之前讲过，律师和医生的工资高，是因为为了成为律师和医生要花费大量的准备时间和成本。这就是，“积累”的意思。所谓劳动力的价值大，就是为了创造“（作为劳动者的）你”，花费了大量的时间和成本。

而正因为这个积累，创造了不能简单模仿的状态，创造出了 USP。其他的人，为了取得和现在的你同等的经验和知识，需要花费很多时间。如果是这样的情况，那么无论想如何努力地模仿别人，都是不可能的。比如，想要达到你现在的水平需要花 3 年时间。别人花了 3 年时间，达到了这个水平。但这 3 年间，你又进步了。这样一来，竞争对手一生也无法追赶上你，结果就是无法模仿。这是很重要的。

要点：

创造对对方来说有好处，竞争对手少，需要花费时间和成本去积累，难以模仿的卖点。

后　记

后 记

参加比赛时，没有不问规则就开始的人。没有不问是什么规则而直接进入球场的人。但进入现实社会时，却不问支配这个世界的规则就去选择公司，进入公司，开始工作。而不听规则就继续工作，继续着“无论到何时都不会改变”“不管怎么努力都很辛苦”的烦恼。在本书的开头，这样写道。我想读到最后的大家，对此意义会有所感触吧。

“必须了解规则”，我时常这样想。有时，改变这个规则也很重要。政治，或是对世界有所诉求、实现理想社会，这是民主主义世界赋予的特权。但在此之前的问题是，必须知道在自己置身的世界中，究竟有什么样的规则。

在现代，《资本论》仍然有效。我迄今为止学习过各种各样的经济学：宏观经济学、微观经济学、都市经济学、环境经济学、计量经济学……也有使用数据和高等数学进行分析的，也有非常“高科技”的经济学。但以我的商业经验，对现实社会最有用处的是《资本论》。

作为一门学问，对它再进行发展是困难的，而使用《资本论》进行科学的分析也是困难的。因此，有人认为这是“过去的学问”。但这是不相干的。对商务现场有实际用处的是《资本论》，仅此而已。这就是全部。因此，我想让更多的人去读《资本论》。

但这并不是为了掀起革命，也不是为了感叹企业的“榨取”，也不是为了在网络上提出讨论。必须谋求我们个人今后在自身能力范围内的对策。为此,必须把握我们置身的这个社会的规则。读《资本论》，就是为此。

本书中，解释了个人劳动者置身的环境。希望大家可以把握并且明白，为何虽然如此努力，却无论到何时都不能从辛苦的生活中摆脱出来。另外，解释了企业经营为何被置于困苦的环境中，而今后这个环境为何会愈发严峻。然后，传达了如何从中摆脱出来的方法。这些，全是我自己从《资本论》中学习、实践以及感到有效的东西。

本书以我的经验，选取《资本论》中最有益的几处进行了传达。本书所总结的，是《资本论》的一部分。但，是“最重要的一部分”。提供了《资本论》中，我强烈感受到的，对于现代商务人士来说最有用处的部分。请一定采纳作为资本主义经济学的马克思的理论。如果能为大家的工作方法、商业眼光增加新的视点，这将使作为介绍者的我感到无比欣喜。

木暮太一

2014 年春

附录　马克思年谱

1818 年

5 月 5 日，马克思诞生于普鲁士莱茵省特利尔市的一个律师家庭。

1824 年

8 月 26 日，和兄弟姐妹一起受路德教的洗礼。

1830 年

10 月，马克思进特利尔弗里德里希·威廉中学念书。

1835 年

9 月 24 日，马克思中学毕业。

10 月 15 日，马克思进波恩大学法律系学习。

1836 年

10 月 22 日，马克思转入柏林大学法律系学习。

1937 年

4 月—5 月，写作对话集《克雷安德·或论哲学的起点和必然的发展》“在一定程度上把科学和艺术统一起来”并加紧研究自然科学、谢林的著作、历史。

1938 年

约 1 月—2 月，写有《该受鞭挞的费舍》。

1839 年初—1841 年 3 月

马克思研究古希腊哲学，写《关于伊壁鸠鲁哲学的笔记》；写作博士论文《德谟克利特的自然哲学和伊壁鸠鲁的自然哲学的差别》。

1841 年

3 月 30 日，马克思毕业于柏林大学。

4 月 15 日，马克思得到耶拿大学哲学系的博士证书。

1842 年

4 月 , 马克思开始为《莱茵报》撰稿。

10 月 , 马克思移居科伦，10 月 15 日起担任《莱茵报》主编。

11 月 , 马克思在《莱茵报》编辑部与恩格斯初次见面。恩格斯是在赴英国途中访问马克思的。

1843 年

3 月 17 日 , 马克思退出《莱茵报》编辑部。

6 月 19 日 , 马克思在克罗茨纳赫与燕妮 · 冯 · 威斯特华伦结婚。

10 月底 , 马克思迁居巴黎，同阿·卢格合办《德法年鉴》。

1844 年

2 月底,《德法年鉴》创刊号（第一、二期合刊）在巴黎出版。

4 月—8 月，马克思撰写《1844 年经济学哲学手稿》。

5 月 1 日，马克思的女儿燕妮诞生。

8 月，马克思开始为巴黎的德文报纸《前进报》撰稿。

8 月 28 日左右，马克思会晤从英国回德国途中来访的恩格斯，并共同撰写了《神圣家族》。

1845 年

2 月 3 日，马克思被驱逐出巴黎，迁往比利时的布鲁塞尔。

2 月底，马克思、恩格斯第一次合著的《神圣家族》一书出版。

7 月中旬—8 月下旬，马克思和恩格斯到伦敦和曼彻斯特作考察旅行，并在伦敦会见了宪章派和正义者同盟的一些领导人。

9 月 26 日，马克思的女儿劳拉诞生。

11 月，马克思和恩格斯开始写《德意志意识形态》一书，翌年 5 月完稿。

1846 年

2 月，马克思和恩格斯在布鲁塞尔创立共产主义通讯委员会。

3 月 30 日，马克思和恩格斯在布鲁塞尔共产主义通讯委员会会议上尖锐地批判了“真正的社会主义”和威·魏特林的粗陋的平均共产主义。

1847 年

春天，马克思和恩格斯加入正义者同盟，后更名为共产主义者同盟。

6 月初，共产主义者同盟第一次代表大会在伦敦召开。马克思因经济困难未能参加，恩格斯出席了大会。

7 月初，马克思的《哲学的贫困》一书出版。

8 月 5 日，在布鲁塞尔成立了共产主义者同盟的支部和区部，马克思当选为支部主席和区部委员会委员。

8 月底，马克思和恩格斯在布鲁塞尔组织德意志工人协会。

11 月 15 日，马克思在布鲁塞尔民主协会会议上当选为协会副主席。

11 月 29 日—12 月 8 日左右，马克思和恩格斯参加在伦敦举行的共产主义者同盟第二次代表大会。大会委托他们起草同盟纲领。

1848 年

2 月 22 日，法国爆发革命。

2 月 24 日左右，共产主义者同盟的纲领《共产党宣言》出版。

3 月 4 日，马克思被比利时政府驱逐出境。第二天马克思一家到达巴黎。

3 月 11 日，共产主义者同盟新的中央委员会在巴黎成立，马克思当选为主席，恩格斯缺席当选为中央委员。

3 月 13 日，维也纳爆发革命。

3 月 18 日，柏林发和一街垒战。

3 月 21 日，恩格斯到达巴黎。

3 月 21 日和 29 日之间，马克思和恩格斯撰写共产主义者同盟在德国革命中的政治纲领《共产党在德国的要求》。

4 月 6 日左右，马克思和恩格斯离开巴黎，回德国直接参加革命。11 日到达科伦。

5 月 31 日，《新莱茵报》创刊号提前一天出版。马克思任该报主编，恩格斯任编辑。

7 月 21 日，马克思出席科伦民主协会的全体会议。会上选举马克思和施奈德尔第二为代表参加科伦三个民主团体的中央委员会。

8 月 13 日—14 日，马克思和恩格斯参加在科伦召开的第一届莱茵民主主义者代表大会。大会批准了科伦三个民主团体中央委员会的组成。

8 月 23 日—9 月 11 日左右，马克思去维也纳和柏林旅行，目的是加强同各民主团体和工人组织的联系，并为《新莱茵报》筹措经费。

9 月 13 日，《新莱茵报》编辑部、科伦工人联合会和民主协会在科伦弗兰肯广场召开民众大会。大会选出由三十人组成的安全委员会，马克思和恩格斯都被选入该委员会。

1849 年

2 月 7 日和 8 日，科伦陪审法庭分别以侮辱当局和“煽动叛乱”的罪名两次传讯并审判马克思、恩格斯等人。马克思和恩格斯在法庭上据理驳斥反动派的诬蔑，使法庭不得不宣判全体被告无罪。

4月5日—11日，马克思在《新莱茵报》上发表《雇佣劳动与资本》。

4月15日—5月8日左右，马克思到德国西北部和威斯特伐里亚各城市了解各地的革命形势，为继续出版《新莱茵报》筹集资金。

5月16日，马克思接到普鲁士当局把他驱逐出境的命令。

5月19日，用红色油墨刊印的《新莱茵报》最后一号第301号出版。

6月初，马克思来到巴黎。

8月26日左右，马克思被法国政府逐出巴黎来到伦敦。

8月底—9月初，马克思和以前伦敦中央委员会的一些委员重新组织了共产主义者同盟中央委员会。

9月初，马克思参加伦敦德意志工人教育协会。

1850年

1月—11月1日，马克思写总结1848年革命的连载文章：《1848年至1850年的法兰西阶级斗争》。

3月6日，马克思编辑的《新莱茵报。政治经济评论》第1期在汉堡出版。11月29日停刊，共出六期。

3月底，马克思和恩格斯写第一篇《中央委员会告共产主义者同盟书》。

6 月初，马克思和恩格斯写第二篇《中央委员会告共产主义者同盟书》。

1851 年

1 月—12 月，马克思继续研究政治经济学；经常去英国博物馆图书馆阅读。

约 12 月 19 日—1852 年 3 月，马克思写《路易·波拿巴的雾月十八日》一书。

1852 年

10 月底—12 月初，马克思写抨击性著作《揭露科伦共产党人案件》。

1853 年

5 月 20 日，马克思写《中国和欧洲革命》一文。

1854 年

12 月底—1855 年 1 月 1 日，马克思写了两篇总标题为《克里木战局的回顾》的文章，从此开始为《新奥得报》撰稿。

1855 年

1 月 16 日，马克思的女儿爱琳娜诞生。

1856 年

10 月下半月—1857 年 3 月，马克思研究波兰历史。特别注意十八世纪和十九世纪革命中的波兰问题。

1857 年

1 月—5 月，马克思和恩格斯为《纽约每日论坛报》写了一系列关于反对英国殖民主义者对中国的侵略战争的文章。

8 月，写了《政治经济学批判》导言

10 月—1858 年 2 月，马克思和恩格斯密切注视着欧美各国已经开始的经济危机，认为这是新的革命高潮的开端。

1858 年

8 月 31 日—9 月 28 日，马克思写了四篇关于鸦片贸易史和关于《天津条约》的文章。

1859 年

5 月—8 月 20 日，马克思和恩格斯为在伦敦出版的《人民报》撰稿。7 月初马克思担任了该报的实际领导工作。

6 月 11 日，马克思的著作《政治经济学批判》第一分册在柏林出版。

1860 年

1 月—2 月初，马克思继续写《政治经济学批判》第二分册。

为此，他经常去英国博物馆研究1855—1859年工厂视察员的报告，研究亚当·斯密、弗朗斯瓦·魁奈等资产阶级经济学家的著作。

12月1日，马克思的论战性著作《福格特先生》在伦敦出版。

1861年

2月—3月6日左右，马克思到扎耳特博默(荷兰)探望姨夫。

1962年

马克思在这一年内除了有些短时的中断外，十分紧张地写作《政治经济学批判》草稿。

1863年

1月22日—23日，波兰王国爆发反对俄国沙皇统治的起义。10月底—11月初，马克思受伦敦德意志工人教育协会的委托，写支援波兰起义的呼吁书。

1864年

9月28日，马克思出席在伦敦圣马丁堂举行的国际工人协会成立大会，他当选为协会临时委员会委员。

10月21日和27日之间，马克思重新起草国际工人协会的纲领性文件——成立宣言和临时章程。

1865 年

9 月 25 日—29 日，马克思参加国际工人协会伦敦代表会议，会议通过了他为即将召开的代表大会所提出的议事日程。

1866 年

1 月 22 日，马克思出席纪念 1863—1864 年波兰起义三周年大会，在会上他支持声援波兰民族解放斗争的决议。

8 月底，马克思为即将召开的日内瓦代表大会起草《临时中央委员会就若干问题给代表的指示》。

9 月 3 日—8 日，国际工人协会日内瓦代表大会讨论了马克思起草的《临时中央委员会给代表的指示》，并按照《指示》通过了各项主要决议。代表大会选举马克思为总委员会委员。

1867 年

1 月 22 日，马克思作为国际工人协会的代表，出席伦敦纪念 1863—1864 年波兰起义四周年大会，并在会上发表了演说。

9 月 2 日—8 日，国际工人协会代表大会在洛桑举行。大会选举马克思为总委员会委员。

9 月 14 日，马克思的主要经济学著作《资本论》第一卷在汉堡出版。

12 月下半月—1868 年 4 月底，马克思抱病继续写作《资本论》。

1868 年

9 月 6 日—13 日，在国际布鲁塞尔代表大会上宣读并讨论了马克思写的总委员会总结报告。马克思再度当选为总委员会委员。

1869 年

9 月 7 日和 11 日，在国际巴塞尔代表大会上宣读了马克思起草的总委员会总结报告和关于继承权的报告，马克思再度当选为总委员会委员。

1870 年

7 月 19 日—23 日，马克思写《国际工人协会总委员会关于普法战争的第一篇宣言》。

9 月 6 日—9 日，马克思写《国际工人协会总委员会关于普法战争的第二篇宣言》。

9 月 20 日左右，恩格斯从曼彻斯特迁居伦敦，住在离马克思家不远的地方。根据马克思的建议，恩格斯被补选为总委员会委员。

1871 年

3 月 19 日—5 月，马克思和恩格斯得知巴黎于 3 月 18 日爆发革命的消息。他们同公社社员建立了联系，声援巴黎公社。

5 月 30 日，马克思在总委员会会议上宣读他起草的宣言《法兰西内战》。

9 月 17 日—23 日，在马克思和恩格斯的领导下，国际工人协会在伦敦举行代表会议。

9 月 25 日，马克思在伦敦举行的国际工人协会成立七周年庆祝会上发表讲话。

1872 年

9 月 2 日—7 月，马克思和恩格斯在海牙参加国际工人协会代表大会。他们在会上捍卫无产阶级的党性原则，反对小资产阶级宗派主义。

1873 年

4 月—7 月，马克思务和恩格斯受海牙代表大会的委托写揭露巴枯宁分子的阴谋活动的小册子《社会主义民主同盟和国际工人协会》，8 月底该书用法文出版。

5 月—6 月，马克思为出版《资本论》第一卷法文版进行繁重的准备工作。

1875 年

1 月 23 日，马克思和恩格斯在 1863—1864 年波兰起义十二周年纪念会上发表演说。

5 月 5 日，马克思写信给威·白拉克，并寄去了《对德国工人党纲领的几点意见》（后来被称为《哥达纲领批判》）

1877 年

年初—8 月 8 日，马克思为恩格斯的《反杜林论》撰写第二编第十章。

1878 年

12 月—翌年 1 月，马克思继续详尽地研究金融和银行业的问题，做了大量摘录和札记。

1879 年

9 月 17 日、18 日，恩格斯和马克思共同起草给奥古斯特·倍倍尔、威廉·李卜克内西和威廉·白拉克等人的通告信。

1880 年

5 月初，马克思和恩格斯在伦敦同茹尔·盖得、保尔·拉法格一起制定法国工人党纲领，纲领的理论性导言是马克思起草。

5 月 12 月 9 日—16 日左右，马克思和恩格斯会见奥古斯特·倍倍尔、保尔·辛格尔。

1881 年

12 月 2 日，马克思夫人燕妮·马克思在伦敦逝世。

1882 年

2 月 9 日—10 月初，马克思健康状况恶化，根据医生建议，他到阿尔及尔、法国南部和瑞士等地治病、疗养，途中看望了女儿燕妮和劳拉。

1883 年

1 月 11 日，马克思的大女儿燕妮逝世。

3 月 14 日，马克思在伦敦逝世。

3 月 17 日，马克思的葬仪在伦敦海格特公墓举行，恩格斯发表墓前讲话。